Frank Böhm

Der Tele-Tutor

Forschung Pädagogik

Frank Böhm

Der Tele-Tutor

Betreuung Lehrender und
Lernender im virtuellen Raum

VS VERLAG FÜR SOZIALWISSENSCHAFTEN

Bibliografische Information Der Deutschen Nationalibliothek
Die Deutsche Nationalbibliothek verzeichnet diese Publikation in der
Deutschen Nationalbibliografie; detaillierte bibliografische Daten sind im Internet über
<http://dnb.d-nb.de> abrufbar.

1. Auflage September 2006

Alle Rechte vorbehalten
© VS Verlag für Sozialwissenschaften | GWV Fachverlage GmbH, Wiesbaden 2006

Lektorat: Monika Mülhausen

Der VS Verlag für Sozialwissenschaften ist ein Unternehmen von Springer Science+Business Media.
www.vs-verlag.de

Das Werk einschließlich aller seiner Teile ist urheberrechtlich geschützt. Jede Verwertung außerhalb der engen Grenzen des Urheberrechtsgesetzes ist ohne Zustimmung des Verlags unzulässig und strafbar. Das gilt insbesondere für Vervielfältigungen, Übersetzungen, Mikroverfilmungen und die Einspeicherung und Verarbeitung in elektronischen Systemen.

Die Wiedergabe von Gebrauchsnamen, Handelsnamen, Warenbezeichnungen usw. in diesem Werk berechtigt auch ohne besondere Kennzeichnung nicht zu der Annahme, dass solche Namen im Sinne der Warenzeichen- und Markenschutz-Gesetzgebung als frei zu betrachten wären und daher von jedermann benutzt werden dürften.

Umschlaggestaltung: KünkelLopka Medienentwicklung, Heidelberg
Druck und buchbinderische Verarbeitung: Krips b.v., Meppel
Gedruckt auf säurefreiem und chlorfrei gebleichtem Papier
Printed in the Netherlands

ISBN-10 3-531-15092-8
ISBN-13 978-3-531-15092-5

Dank

An erster Stelle möchte ich Herrn Prof. Dr. Michael Schumann für die Beratung und konstruktiven Gespräche, vor, während und nach dem Schreibprozess danken. Darüber hinaus gebürt ihm und Prof. Dr. Sabine Hering großer Dank für die Bereitschaft, ihre Seminare für ‚virtuelle Versuche' zu öffnen.

Die Grundlage für den praktischen Teil dieses Buches bilden Interviews mit Studierenden der tutoriell betreuten Seminare und Konstrukteuren von e-Learning-Anwendungen. Ihnen allen möchte ich für die Unterstützung meines Forschungsvorhabens und die erbrachte ‚Pionierarbeit' danken.

Für stets wachsame Augen im Korrekturprozess und vielen Tipps und Hinweisen auf inhaltlicher Seite danke ich Irina Sarah Gerke, Matthias Weipert sowie Martin Gerke.

Marion Brünig gebührt überdies großer Dank für die Korrektur der Übersetzungen, ohne die so manche Ungenauigkeit entstanden wäre.

Ich widme dieses Buch meinen Eltern.

Inhalt

	Einleitung	11
Teil 1:	**Theoretische Grundlagen eines Tele-Tutors**	13
1.	Seminarformen	15
1.1	Präsenzveranstaltung	15
1.2	Blended Learning-Seminar	16
1.3	Virtuelles Seminar	17
2.	Virtuelle Rollen	19
2.1	Rolle des Lehrenden	19
2.2	Rolle des Lernenden	20
2.3	Rolle des Tele-Tutors	22
3.	Lerntheorien	27
3.1	Der *Behaviorismus* oder: der *Nürnberger Trichter*	27
3.2	Der *Kognitivismus* oder: der ‚binäre Geist'	30
3.3	Der *Konstruktivismus* oder: wider dem *trägen Wissen*	32
3.4	Fazit	34
4.	Lerntypologie	35
4.1	*Physiologische Theorie*	35
4.2	Lerntypen – ein weites Feld	36
4.3	Fazit	37
5.	Didaktische Ansätze	39
5.1	*Cognitive Apprenticeship* – Lernen im Sinne der Meister	40
5.1.1	Anmerkungen	41
5.2	*Anchored Instruction*	42
5.3	Vom *Didaktischen Dreieck* zum Viereck	43

Teil 2:	**Tutorielle Betreuung – Die praktische Perspektive**...............	47

6.	Tutorielle Begleitung von Studierenden bei Lernprozessen in virtuellen Seminaren – die praktische Perspektive..................	49
6.1	Die Lernplattform *Open sTeam*.....................................	49
6.1.1	Beschreibung...	50
6.1.2	Funktionen...	50
6.2	Durchführung der Seminare.........................	50
6.2.1	Lerntheoretische Basis.................................	51
6.3	Seminar: Qualitätsinstrumente in Kindertagesstätten – was sie leisten oder nicht. Ein kritischer Vergleich (QUALKI)...........	51
6.3.1	Inhaltlicher Fokus.......................................	51
6.3.2	Herangehensweise......................................	51
6.3.3	Planungen vor Seminarbeginn.......................	52
6.3.4	Verlauf nach dem Kompaktseminar..................	53
6.3.5	Seminarevaluation......................................	55
6.3.6	Betrachtung des Seminars aus Sicht des Tele-Tutors..................	58
6.4	Seminar: Gender and Social Work (GASW).....................	60
6.4.1	Inhaltlicher Fokus.......................................	60
6.4.2	Herangehensweise......................................	60
6.4.3	Planungen vor Seminarbeginn.......................	61
6.4.4	Verlauf während und nach dem Kompaktseminar..................	63
6.4.5	Seminarevaluation......................................	65
6.4.6	Betrachtung des Seminars aus Sicht des Tele-Tutors..................	69
6.5	Fazit aus tutorieller Sicht..............................	72
7.	e-Learning ‚up to date' – Ergebnisse einer Emailbefragung..........	75
7.1	Fazit...	83

8.	Konzeption einer Lehrveranstaltung – ein Versuch	85
8.1	Konzeption der Lehrveranstaltung	85
8.1.1	Inhalt	86
8.1.2	Ablaufplan	86
8.1.3	Didaktische Grundidee	87
8.1.4	Vorbereitungsphase	87
8.1.5	Durchführung	91
8.1.6	Anmerkungen	102
9.	Schlussbetrachtung	103
	Literatur	107
	Anhang	111

Einleitung

„Es ist des Lernens kein Ende"

(Robert Schumann)

Lehren und Lernen aufeinander abzustimmen, die Auswahl der als notwendig erachteten Inhalte, die Reihenfolge der Vermittlung und die Präsentation kennzeichnen die Paradigmen der Hochschullehre.

Mit dem Aufkommen der *Neuen Medien*, Mitte der neunziger Jahre, fanden immer mehr elektronische Lehr- und Lernsysteme Eingang in die Hochschullehre.[1] Gleichzeitig setzte aber auch eine Diskussion ein, inwieweit die neuen Lehrmittel den Wissenserwerb der Studierenden unterstützen können. Der Siegeszug'des Internets sorgte schließlich für einen weiteren Aufschwung im Bereich der *Neuen Medien*. Von nun an war vernetztes Lernen über das Internet möglich und der Begriff des e-Learning, des elektronischen Lernens, wurde geprägt. Eine Vielzahl von Anwendungen wurden seither für die elektronische oder auch virtuelle Lehre entwickelt und an Hochschulen erprobt.

Nach einer anfänglichen Euphorie im e-Learning Bereich, kann man heute eine Ernüchterung'konstatieren. Der E-Learning-Hype ist vorbei"[2] und mit ihm eine Vielzahl von Versuchen, e-Learning-Systeme in die Hochschullehre zu integrieren. Der e-Learning-Sektor befindet sich in einer Konsolidierungsphase. Es vollzieht sich eine Konzentration auf die Vorteile des netzbasierten Lernens im Hinblick auf eine sinnvolle Kombination aus traditioneller Lehre und e-Learning-Elementen.

Die Antwort, wie diese Vorteile des netzbasierten Lernens aussehen, kann zum jetzigen Zeitpunkt nicht konkret gegeben werden. Pilotprojekte und Studien versuchen die Variablen herauszufinden, die eine optimale Mischung aus Präsenz- und Onlinelehre garantieren.

Das vorliegende Buch widmet sich der Variable ‚tutorielle Betreuung: Die Rolle des Tele-Tutors, der die Studierenden bei Lernprozessen im virtuellen Raum un-

---

1 An der Universität Siegen gab es beispielsweise im Jahre 1998 das Aktionsprogramm: Neue Medien in der Lehre." Dokumentation unter: http://www.ub.uni-siegen.de/pub/publications/rektorat/colloq-4-99/ [10.09.2005]

2 vgl. http://www.uni-protokolle.de/nachrichten/id/28251/ [10.09.2005]

terstützt, soll näher betrachtet werden. Welche Aufgaben obliegen ihm bei der Betreuung von Seminaren und welche theoretischen Kenntnisse benötigt er? Als Grundlage für die Untersuchung sollen einerseits Erfahrungen des Verfassers und andererseits Befragungen von Studierenden aus zwei Seminaren, die mit tutorieller Betreuung durchgeführt wurden, dienen.

Einen aktuellen Einblick in den e-Learning-Sektor sollen zudem die Ergebnisse einer Emailumfrage ermöglichen. Betreuer und Lehrende von e-Learning-Anwendungen wurden hierfür u.a. zum Stand der tutoriellen Betreuung befragt.

Der theoretische Teil dieser Arbeit lässt sich unter dem Gesichtspunkt Befähigung des Tele-Tutors 'zusammenfassen. Die ausgewählten Aspekte sollen die nötigen theoretischen Grundlagen eines Tele-Tutors verdeutlichen. Hier werden dementsprechend grundlegende Lerntheorien und didaktische Konzepte vorgestellt. Aber auch das Individuum im Lernprozess wird genauer betrachtet: Wie lassen sich die verschiedenen Protagonisten 'im virtuellen Setting charakterisieren und welche Unterschiede gibt es zwischen den Nutzern von e-Learning-Angeboten?

Die Konzeption eines Modellseminars für zukünftige Lehrveranstaltungen im virtuellen Raum beschließt dieses Buch. Hierbei sind die gewonnenen Erkenntnisse bei der Planung berücksichtigt worden.

Die Theorien und praktischen Erkenntnisse dieser Arbeit sollen überdies dabei helfen, folgende provokante Thesen – wenigstens ansatzweise – zu beweisen oder zu widerlegen:

- *Der Einsatz von e-Learning-Elementen macht die didaktische und methodische Planung eines Seminars überflüssig!*

- *Der Einsatz von e-Learning-Elementen entspricht den Arbeitsbedürfnissen der Studierenden im Medienzeitalter!*

- *Der große Vorteil von e-Learning liegt in der Zeit- und Ortsunabhängigkeit von Lern- und Arbeitsprozessen!*

- *Die Aufgabenbereiche von Dozent und Tele-Tutor sind nahezu kongruent!*

Im Sprachstil der vorliegenden Arbeit sollen sich Frauen und Männer ausdrücklich gleichermaßen repräsentiert fühlen, obwohl ausschließlich die maskuline Form verwendet wurde. Dies soll keine Diskriminierung darstellen, sondern dient lediglich einer besseren Lesbarkeit. Durch diese Entscheidung wird hoffentlich nicht die Auseinandersetzung mit dem Text gestört.

Teil 1

Theoretische Grundlagen eines Tele-Tutors

1 Seminarformen

Die Einführung virtueller Lernmethoden hat zu einer Erweiterung der bisherigen Seminarformen geführt. Bestehende Lehrveranstaltungsmodelle wurden um neue ergänzt bzw. mit ihnen kombiniert.

Die Beschreibung der Seminarformen soll die Unterschiede zwischen den einzelnen Seminartypen verdeutlichen und gleichzeitig Tele-Tutor und Lehrenden dabei unterstützen, die passende Auswahl für die Konzeption einer Lehrveranstaltung zu treffen.

Die gewählte Reihenfolge ist einerseits historisch bedingt, soll jedoch andererseits eine mögliche schrittweise Integration in den Lehrbetrieb verdeutlichen. Das heißt, der Schritt in die virtuelle Lehre soll keine ‚entweder-oder-Lösung' sein, sondern ein fließender Übergang zu den neuen Seminarformen.

1.1 Präsenzveranstaltung

Diese Form der Lehre begründet sich aus historischer Sicht durch das Fehlen medialer Wissensspeicher (Bücher, Studientexte). Daraus ergab sich für Professoren und Studierende die Notwendigkeit, zur Wissensvermittlung zusammenzukommen.[3] Als Präsenzseminare können Vorlesungen und Seminare bezeichnet werden, bei denen sowohl die Lehrenden als auch die Lernenden physisch (räumlich) und psychisch präsent sind.

Arnold zeigt am Beispiel der universitären Lernkultur, warum das *selbstgesteuerte Lernen*[4] nicht mit dem *Präsenz-Lehr-Modell* zu vereinbaren ist.

- Vertreter der Hochschulen fassen „Multimedia" und „selbstgesteuertes Lernen" als eine neue Variante des Fernstudiums auf, welches sich nicht in die universitäre Lernkultur integrieren lässt.

---

3 Vgl. Arnold, Rolf/ Ingeborg Schüßler: Wandel der Lernkulturen. Münster, 1998, S. 95.
4 Gemeint ist die eigenverantwortliche Organisation des Lernprozesses, wie sie in virtuellen und blended learning Seminaren erforderlich ist.

– Es gibt keine Vereinbarkeit von Fernstudium und Präsenzstudium, da zum Beispiel „die raumzeitliche Entkoppelung des didaktischen Dreiecks von Lehrenden, Lerngegenstand und Lernenden"[5] dem Grundgedanken des *Präsenz-Lehr-Modells* widerspricht.

1.2 Blended Learning-Seminar

Der Begriff „blended" (engl. blender = Mixer) bezeichnet den Grundgedanken dieser Seminarform. Hierbei werden die beiden Veranstaltungsformen, Präsenz- und virtuelles Seminar, miteinander ‚vermischt' (vgl. Abb. 1). Häufig ist in diesem Zusammenhang auch vom *hybriden Lernen* die Rede. Diese Form des Seminars soll einerseits die Kommunikation und die Aneignung von Wissen unabhängig von Zeit und Ort ermöglichen. Andererseits soll gleichzeitig die ‚klassische' Begegnung mit Erfahrungsaustausch, Rollenspiel etc. im Präsenzseminar weiterhin möglich sein.[6] Während der virtuellen Seminarphasen steht den Studierenden ergänzend zum Lehrenden ein betreuender Tele-Tutor zur Seite.

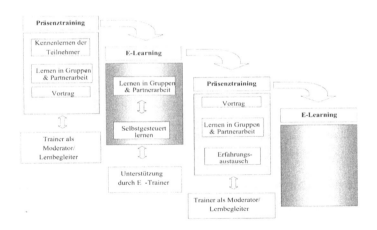

Abbildung 1: Ablauf eines blended learning-Seminars
Quelle: Roters/Turecek/Kingler: eLearning – Trends und Entwicklungen, S. 22.

---

5 Vgl. Arnold/Schüßler, 1998, S. 95.
6 Vgl. Sauter, Werner/Anette M. Sauter: Blended Learning: effiziente Integration von E-Learning und Präsenztraining. Neuwied, 2002. S. 66.

1.3 Virtuelles Seminar

Die Variante des virtuellen Seminars soll Lernen und Kommunikation ohne Präsenztreffen ermöglichen. Das Seminar bzw. die Wissensvermittlung findet ausschließlich virtuell statt, wobei die Kontrolle hauptsächlich auf Seiten der Lernenden bzw. des Tele-Tutors liegt. Der Lehrende/Tele-Tutor übernimmt die Rolle eines Beraters. Alle Funktionen, die eine Universität erfüllt, sollen über elektronische Kommunikationsnetze verfügbar gemacht werden. Dies kann zum Beispiel mit Hilfe eines Learning Management Systems wie *Open sTeam*[7] geschehen. Auf universitärer Ebene hat die FernUniversität Hagen[8] seit 1996 mit dem Aufbau einer virtuellen Universität begonnen, weshalb ihr die Rolle eines ‚virtuellen Pioniers' zukommt.[9]

Ein solcher Veranstaltungstyp kann z.b. bei folgenden Gegebenheiten Anwendung finden:[10]

– Studierende, die ein Studium berufsbegleitend aufnehmen und nur abends oder an Wochenenden an Seminaren teilnehmen können.

– Überfüllte Vorlesungen, die keine Kommunikation zwischen Lehrenden und Lernenden zulassen.

– Forschungsprojekte, bei denen es darauf ankommt, dass verschiedene Arbeitsgruppen (eventuell an verschiedenen Standorten) miteinander vernetzt sowohl synchron als auch asynchron kommunizieren können.

– Betreuung der Studierenden während des Praktikums oder Auslandsaufenthaltes durch den Lehrenden. Hierdurch kann z.B. ein stärkerer Austausch mit der Praxis erreicht werden. Gleichzeitig gibt es eine kontinuierliche Bindung zwischen Lehrenden und Lernenden.

---

7 Eine nähere Beschreibung erfolgt im Kapitel „Beschreibung des Praxistest mit Open sTeam".
8 http://www.fernuni-hagen.de/FeU/virtuelle_uni.html
9 Eine nähere Beschreibung zu den bisherigen Erfahrungen mit der virtuellen Universität findet sich in: Arnold, Patricia: Didaktik und Methodik telematischen Lehrens und Lernens. Münster, 2001. S. 81ff.
10 Ein Beispiel für die Implementierung eines virtuellen Seminars beschreiben: Reuter, Irina, et al.: Telemediales Lernen: Erweiterung der Präsenzlehre durch orts- und zeitunabhängige Elemente. S. 54ff. in: Kerres, Michael et al.: Didaktik der Notebook-Universität. Münster, 2004.

2 Virtuelle Rollen

Die Durchführung von Seminaren im virtuellen Raum gestaltet sich immer multiperspektivisch. Verschiedene Charaktere treffen aufeinander, die alle ein anderes Anliegen verfolgen und das Seminar aus verschiedenen Perspektiven betrachten. Um die jeweiligen Standpunkte beurteilen und bei der Planung von Lehrveranstaltungen mit einbeziehen zu können, erscheint es sinnvoll, die verschiedenen Rollen aus ihrem jeweiligen Blickwinkel zu betrachten. Nachfolgend gilt es deshalb zwischen den Perspektiven der Lehrenden, Lernenden und der Tele-Tutoren zu unterscheiden.

2.1 Rolle des Lehrenden

Die Rolle des Lehrenden ist in virtuellen bzw. Blended-Learning-Seminaren genauso wie in der traditionellen Lehre hauptsächlich auf die fachliche Komponente, also die Wissensvermittlung, begrenzt.

Ausgangspunkt sowohl für die Rolle des Lehrenden als auch für die der Lernenden, soll die von *Flechsig* entworfene Tabelle: „Rollen Lehrender und Lernender"[11] sein. Er unterscheidet die jeweilige Rolle aus einer aktiven und einer passiven Sicht.

Demnach teilt der Lehrende aktiv Fachkenntnisse mit, unterhält die Lernenden, führt Prüfungen durch und moderiert Lernprozesse, wohingegen die passive Seite auf die Beobachtung der Lernenden beschränkt ist.[12]

Die 1990 durch *Flechsig* entstandene Rollenzuweisung soll als Grundlage dienen, welche nun mit neu gewonnenen Erkenntnissen – speziell was die Rollenzuweisung in virtuellen Seminaren anbetrifft – erweitert wird.[13]

Die Anforderungen die an den Lehrenden bei der Durchführung virtueller Seminare gestellt werden, bedingen – neben dem Wissen über die Besonderheiten

---

11 Vgl. Swertz, Christian: Didaktisches Design. Bielefeld, 2004. S. 22.
12 Vgl. ebd.
13 Vgl. die nachfolgenden Ausführungen mit: Arnold, Patricia; u.a.: E-Learning – Handbuch für Hochschulen und Bildungszentren. Nürnberg, 2004. S. 67ff.

des Lernens auf virtueller Basis (z.B. veränderte Kommunikationsformen) – die Fähigkeit eines Perspektivwechsels. Findet das Seminar mittels eines Learning Management Systems (LMS) wie z.b. *Open sTeam* oder *BSCW* statt, muss der Dozent die Lernumgebung sowohl aus der Perspektive der Lernenden, als auch aus Lehrendenperspektive erforschen. Im Gegensatz zum Lernenden ist die Rolle des Dozenten in der Regel durch erweiterte Rechte[14] gekennzeichnet. Darüber hinaus müssen er im Vorfeld Strategien festlegen, falls er selbst die Hilfe eines Experten benötigt.

Auf hochschuldidaktischer Ebene ist es notwendig, die eigene Vorgehensweise mit anderen Lehrenden (die ebenfalls an der virtuellen Lehre teilnehmen) abzustimmen. So lassen sich z.b. modulartige Studiengänge mittels einer einheitlichen Struktur der Lernräume[15] vernetzen. Lernende und Lehrende können sich so leichter orientieren, was zu einer Ressourcenbündelung führen kann.

Weitere Aufgaben der Lehrenden sind die Unterstützung und Initialisierung von Lernprozessen. Dies kann über aktivierende Methoden wie z.b. die Einladung zu einem Chat geschehen. Wichtig ist, die zur Verfügung stehenden Instrumente (Foren, Whiteboard (virtuelle Tafel), etc.) sinnvoll einzusetzen und somit einen ständigen Arbeitsfluss im LMS zu bewirken, ohne den die Nutzung des Systems aufgrund fehlender Motivation rückläufig wäre.

2.2 Rolle des Lernenden

Die Angebote der Akteure im „e-Learning-Sektor" richten sich stets an den Lernenden als Zielgruppe. Er stellt in diesem Spannungsfeld den Dreh- und Angelpunkt des Geschehens dar. Wird z.B. über die Einbeziehung neuer Medien in den Lernprozess befunden, fällt das Augenmerk auf die Lernenden und deren Reaktion. In diesem Zusammenhang ist oft von *learning outcomes*, also den Lernergebnissen und Lernerfolgen die Rede. Sie dienen auf Hochschulebene vor allem der Standardisierung von Lehre, was im Zuge der Einführung von Bachelor- und Masterstudiengängen eine Vergleichbarkeit der Abschlüsse ermöglichen soll (Stichwort *Bologna-Prozess*).[16]

Um wieder auf die Zuordnung *Flechsigs* zurückzukommen, gestaltet sich die aktive Rolle des Lernenden folgendermaßen: Er erarbeitet sich Fachkenntnisse,

---

14 Mit „Rechten" ist in diesem Zusammenhang z.B. das Verändern/Modifizieren von Dateien, Erstellen von Ordnern oder Anlegen von Foren etc. gemeint.

15 Gemeint sind hier zentrale Orte auf einer LMS-Plattform wie z.B. „Lehr- und Lernmethodenfundus", „Literatur", „Materialien" die für alle durchgeführten Seminare genutzt werden können.

16 Vgl. Hauswirth, Claudia: E-Learning aus hochschuldiaktischer Sicht. Dortmund, 2005. S. 28.

2.2 Rolle des Lernenden

probt erlernte Fähigkeiten und teilt sowohl Lernerfahrungen als auch Schwierigkeiten mit. Aus passiver Sicht findet die Aufnahme von Fachkenntnissen statt.[17] Dieser Annahme folgend, findet beim Lernenden zwangsläufig eine Umgestaltung der Lern- und Arbeitsprozesse beim Übergang vom Präsenz- zum virtuellen Seminar statt. Techniken, die sich der Lernende in traditionellen Lehrveranstaltungen angeeignet hat, führen auf virtueller Ebene nicht zum erwarteten Ziel. Literatur findet sich z.b. nicht im Semesterapparat, sondern liegt hinter einem ‚Link‘ als ‚pdf.-Dokument‘ verborgen.

Aus Sicht der Lernenden sind die grundlegenden Veränderungen zu allererst z.b. in Form einer Einführungsveranstaltung zu klären.[18] Erst auf der Basis dieser Einführung ist der Lernende in der Lage, weitere Fragen zu erkennen und zu formulieren. Eine Auseinandersetzung mit dem System bewirkt, dass der Lernende den eigenen Arbeitsweg und -rhytmus findet und eine Arbeitsstrategie entwickelt.

Für die Lernenden ist weiterhin von Belang, welche Unterstützungsmöglichkeiten vorhanden sind. Bietet der Lehrende z.b. eine ‚virtuelle Sprechstunde‘ an oder ist das Learning Management System mit einer FAQ-Funktion[19] ausgestattet?

Eine große Hürde beim Arbeiten im virtuellen Raum stellt für viele Lernende die Anonymität dar. Dem kann z.b. eine aktivierende Anfangsaufgabe entgegenwirken, bei der man die eigene Person – am besten mit Foto – im System vorstellt.

Einer weiterer wichtiger Aspekt aus Perspektive der Lernenden ist die Rechteverteilung, d.h. wer hat Zugriff auf die Arbeitsergebnisse oder wer hat welche Schreib- und Leserechte? Unterschwellig spielt bei der Klärung dieser Fragen die Angst, Fehler zu machen, eine gewichtige Rolle. Zu Bedenken ist folgendes: Alles, was im virtuellen Raum geschrieben wird, ist auf Dauer dort sichtbar. Sollten falsche Ergebnisse oder Antworten eingestellt werden, sind sie erstens – ohne die nötigen Rechte – nicht ohne weiteres veränderbar und zweitens lässt sich sofort der Urheber erkennen. Um diesen Ängsten vorzubeugen gibt es passende Methoden.[20]

Um effektiv arbeiten zu können, ist eine übersichtliche Struktur der Lerninhalte erforderlich. Lernende, die mehrere virtuelle Seminare auf einer Plattform besuchen, können so besser eine eigene Struktur aufbauen und ggf. Seminare vernetzen.[21]

---

17 Vgl. Swertz, 2004. S. 22.
18 Wie der Aufbau einer solchen Einführungsveranstaltung aussehen kann, zeigt der Abschnitt „Konzeption einer Lehrveranstaltung – ein Versuch" in diesem Buch.
19 FAQ = frequently asked Questions: Eine virtuelle Sammlung von häufig gestellten Fragen mit den entsprechenden Antworten soll als Hilfefunktion dienen.
20 Die Methode des absichtlichen ‚Fehlerproduzierens‘ bietet sich in diesem Fall an. Der Lehrende baut also absichtlich Rechtschreibfehler z.B. in Begrüßungstexte oder Aufgabenstellungen ein, um auf Seiten der Lernenden die Angst vor falschen Meldungen zu mindern.
21 Dies kann z.B. bei Seminaren der Fall sein, die interdisziplinär ausgelegt sind.

22   2 Virtuelle Rollen

2.3   Rolle des Tele-Tutors

Unter dem Begriff Tele-Tutor versteht man eine Person, die Lernende im virtuellen Raum auf verschiedene Weise unterstützt und betreut. Tele-Tutor und Lernende sind dabei räumlich voneinander getrennt. Der Tele-Tutor versucht durch regelmäßigen Kontakt eine umfassende Betreuung des Lernprozesses zu gewährleisten oder wie *Salmon* es formuliert:

> *„The e-moderator's main role is to engage the participants so that the knowledge they construct is usable in new and different situations. So you can see the goal of the e-moderator for this kind of learning is to enable 'meaning making' rather than content transmission."* [22]

Die Rolle der Tele-Tutoren ist in einigen Bereichen kongruent mit dem Aufgabenbereich der Lehrenden. Dennoch unterscheiden sich die beiden Rollen in wesentlichen Punkten. „Sie sind als Tele-TutorIn nicht mehr WissensvermittlerIn, sondern Gestaltende von Lernumgebungen, LernberaterInnen, Lernprozessbegleitende und Lerninitiatoren."[23]

Die Literaturlage zur Rolle des Tele-Tutors ist kaum zu überschauen, was eine zielgenaue Beschreibung erschwert, vielleicht aber auch die Vielschichtigkeit dieser Rolle widerspiegelt. Im Folgenden wird deshalb versucht, die Rolle des Tele-Tutors möglichst facettenreich und umfassend darzustellen.

Rautenstrauch hat mit ihrem Buch ein Art Standardwerk zur Rolle von Tele-Tutoren vorgelegt. Sie kommt auf der Grundlage von Interviews mit Tele-Tutoren zu fünf Basisqualifikationen, über die ein Tele-Tutor verfügen sollte:[24]

- Kenntnisse über selbstgesteuertes Lernen
- Medienkompetenzen
- Kommunikationskompetenzen
- Kenntnisse über die didaktische Gestaltung der Lehr- und Lernsituation des Tele-Lernens
- Kenntnisse über kooperatives Tele-Lernen in Gruppen und Moderation

Zur ersten Basisqualifikation äußern sich *Rautenstrauch/Jechle* an anderer Stelle dahingehend, dass die Hauptaufgabe eines Tele-Tutors auf der Lernberatung liegt. Diagnostische Fähigkeiten gepaart mit psychologischem Wissen über Lernprozesse sollen als Grundlage für den Entwurf von Lösungsvorschlägen dienen.[25]

---

22   Vgl. Salmon, Gilly: E-moderating: The Key to Teaching and Learning Online. London, 2001. S. 39.
23   Vgl. Rautenstrauch, Christina: Tele-Tutoren – Qualifizierungsmerkmale einer neu entstehenden Profession. Bielefeld, 2001. S. 79.
24   Vgl. ebd., S. 23ff.
25   Vgl. Jechle, Thomas/ Christina Rautenstrauch: tele-Tutor-Training: E-Learning kompetent begleiten. Dokumentation 4. BIBB-Fachkonferenz 2002. S. 3.

2.3 Rolle des Tele-Tutors

Etwas plastischer formulieren *Hasebrook/Otte* die Rolle des Tele-Tutors. Sie sehen seine Hauptaufgaben darin,

- die Lernenden willkommen zu heißen,
- die Lernenden zu motivieren,
- den Fortschritt zu überwachen (z.B. anhand der Diskussionen, Fortschrittsanzeigen etc.),
- sicherzustellen, dass die Lernenden mit dem richtigen Tempo arbeiten,
- Informationen auszugeben, zu Fragen Stellung zu nehmen, Themen auszuweiten und klarzustellen, Probleme zu lösen,
- Feedback zu geben,
- sicherzustellen, dass die Lernenden die Teilnahmevoraussetzungen erfüllen,
- den Erfolg von Konferenzen/Diskussionen sicherzustellen,
- dazu beizutragen, eine Lerngemeinschaft zu bilden,
- technische Tipps und Ratschläge zu geben,
- den Kurs zu beenden und zu schließen.[26]

Einerseits als Verdeutlichung der Rollenbeschreibung eines Tele-Tutors, andererseits für den praktischen Einsatz in Seminaren, soll die Übersetzung einer – bisher leider nur in englischer Sprache verfügbaren – Tabelle (für den abstrakt verbalen Typ) die benötigten Qualitäten eines *e-moderators* kompakt darstellen. Überdies wird (für den visuellen Typ) eine *Mind Map* auf der Grundlage von Interviewantworten die Eigenschaften eines ‚idealen‘ Tele-Tutors nochmals ergänzend bündeln.

---

26 Hasebrook, Joachim/Mathias Otte: E-Learning im Zeitalter des E-Commerce. Bern, 2002. S. 131.

Tabelle 1: E-moderator online competencies – Kompetenzen eines Tele-Tutors

Qualität/ Charakteristik[27]	1. selbstsicher	2. konstruktiv / aufbauend	3. entwickelnd	4. fördernd	5. Wissen teilend	6. kreativ
Kenntnisse über die Funktionsweise des Internets	sicher sein, einen Fokus für Konferenzen anzubieten, zu intervenieren, Teilnehmerinteressen zu beurteilen, mit verschiedenen Ansätzen zu experimentieren, Vorbild zu sein	Fähig sein, übers Netz Vertrauen und eine Zielsetzung aufzubauen, Überblick zu haben, wer online sein sollte und welchen Aufgaben sie nachgehen sollten	Fähigkeit, Andere weiterzuentwickeln und zu aktivieren, als Katalysator zu wirken, Diskussionen zu fördern, zusammenfassen, neu zu formulieren, herauszufordern, Verständnisse und Missverständnisse zu überwachen, Rückmeldungen entgegenzunehmen	Wissen, wann eine Gruppe Führung braucht bzw. wann sie ohne auskommt, wie man zurückhaltende Teilnehmer integriert, wie man Diskussionen beschleunigt und die Zeit online nutzt	Fähig sein, Ideen zu erforschen, Argumente zu entwickeln, produktive Argumentationsstränge zu fördern bzw. unproduktive Produktionsstränge zu unterbinden, zu entscheiden, wann etwas archiviert werden soll, eine Lerngemeinschaft zu entwickeln	Fähig sein, einen zweiten Bereich des CMC[28] von strukturellen Aktivitäten bis hin zu freien Diskussionen zu nutzen, sowie Konferenzen evaluieren und beurteilen zu können
Technische Fähigkeiten	sicher im praktischen Verstehen einer Software aus Sicht eines Nutzers, ausreichende Kenntnisse im Maschinenschreiben, schneller Internetzugang	Sich sowohl der Strukturen des CMC und des WWW, als auch des Potenzials des Internets in punkto „Lernen" bewusst sein	Wissen, wie man spezielle Funktionen einer Software für Tele-Tutoren nutzt und bedient (z.B. Archivierungsfunktion, Rechtevergabe)	Fähig sein, spezielle Eigenschaften von Software einzusetzen, um die Gewohnheiten der Lernenden zu analysieren bzw. auszuwerten	Fähig sein, Verknüpfungen zwischen CMC und anderen Learning Management Systemen (LMS) herzustellen	In der Lage sein, Software einzusetzen, um Konferenzen zu kreieren und zu manipulieren und um eine Onlinelernumgebung zu entwickeln

Qualität/ Charakteristik	1. selbstsicher	2. konstruktiv / aufbauend	3. entwickelnd	4. fördernd	5. Wissen teilend	6. kreativ
Kenntnisse über netzbasierte Kommunikation	Sicher im höflichen und respektvollen Umgang mit (schriftlicher) netzbasierter Kommunikation	Im Stand sein, kurze motivierende persönliche Onlinebotschaften zu verfassen	sich online auf Menschen einzulassen (nicht auf den Computer oder die Software)	Fähig sein, anhand von Email oder Chat zu interagieren und eine Interaktion zwischen den Lernenden zu initialisieren	Fähig sein, Unterschiede mit interkultureller Sensibilität wertzuschätzen	In der Lage sein, ohne optische Signale souverän zu kommunizieren
Inhaltliche Fähigkeiten	Sicher sein, dass man auf Wissen und Erfahrungen zurückgreifen und diese mitteilen kann; bereitwillig und fähig sein, eigene Beiträge zu erstellen	Im Stande sein, bei anderen Sprachbeiträge zu fördern	In der Lage sein, Diskussionen durch das Stellen interessanter Fragen zu entfesseln	Die eigene Autorität fördern, indem man die Leistungen und die Teilnahme der Studenten fair benotet	Wissen, wo sich interessante, gewinnbringende Ressourcen in Internet befinden, um die Lernenden dorthin verweisen zu können	In der Lage sein, Konferenzen durch den Einsatz multimedialer Werkzeuge zu beleben
Persönliche Eigenschaften	Selbstsicher und bestimmt als motivierter Tele-Tutor auftreten	Im Stande sein, eine Onlineidentität als Tele-Tutor zu entwickeln/etablieren	Fähig sein, sich neuen Lernkonzepten und -methoden, Zielgruppen und Rollen anzupassen	Behutsam bei Onlinebeziehungen und Kommunikation vorgehen	Eine positive Haltung, Hingabe und Enthusiasmus für netzbasiertes Lernen ausstrahlen	Wissen, wie man eine sinnvolle Netzlerngemeinschaft erstellt

27 Diese Übersetzung basiert auf folgender Grundlage: Salmon, Gilly: E-Moderating – The Key to Teaching and Learning Online. London, 2000. S. 40. Zum Vergleich mit dem Original findet sich eine Kopie der Tabelle im Anhang (s.S. 167).
28 Mit CMC bezeichnet die Autorin ein Learning Management System wie z.B. *BSCW, Open sTeam* oder *Moodle*.

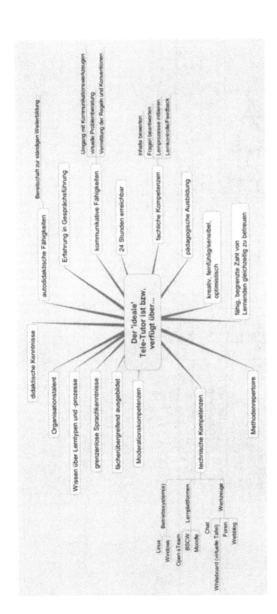

Abbildung 2: Eigene Visualisierung auf Grundlage der Interviews zur Frage: „Welches Qualifikationsprofil hat der/die ideale Tele-TutorIn?"

Quellen: Rautenstrauch, 2001, S. 79ff. / Jechle/Rautenstrauch, 2002, S. 5.

3 Lerntheorien

„Es muß nicht immer der dazugehörige Schlüssel sein,
der das Schloß öffnet,
es könnte oft auch ein ähnlicher Schlüssel
oder sogar ein Dietrich das »Öffnen« bewirken"
(Watzlawick, 1988, S. 10)

In Anbetracht der Euphorie über die Chancen und Möglichkeiten des e-Learnings via Internet, darf nicht außer acht gelassen werden, dass diese Form des Lernens nur Hilfsmittel zum Zweck ist.[29]

Kerres warnt sogar eindrücklich vor überzogenen Erwartungen, da aus seiner Sicht „die Einführung bislang jeder „neuen" Medientechnik [...] mit dem Versprechen von Bildungsinnovation oder gar -revolution im Bildungsbereich einher gegangen [ist], die in den überwiegenden Fällen nach einer gewissen Phase euphorischer Erprobung erschüttert wurden."[30] Demnach sagt die Wahl des Mediums nichts über den Erfolg, der mit dem Einsatz erzielt werden soll, aus.[31]

Umso wichtiger erscheint es, die verschiedenen lerntheoretischen Ansätze näher zu betrachten. Sie sollen dem Tele-Tutor bewusst machen, mit welchem Ansatz welche Ziele umgesetzt werden können bzw. wann ein Ansatz sich eher kontraproduktiv auf die Wissensvermittlung auswirkt.

3.1 Der *Behaviorismus* oder: der *Nürnberger Trichter*

Als Grundannahme der behavioristischen (behavior = Verhalten) Theorien gilt *Lernen* als eine beobachtbare und messbare Verhaltensänderung.[32] Ursache und Wirkungszusammenhänge von Lernprozessen sollen mit dieser Theorie, ohne Einblick in die internen Prozesse des Lerners, erklärbar sein.[33]

---

29 Vgl. Coenen, Olaf: E-Learning-Architektur für universitäre Lehr- und Lernprozesse. Lohmar, 2002. S. 28.
30 Siehe Kerres, Michael: Multimediale und telemediale Lernumgebungen. Oldenburg, 1998. S.11.
31 Vgl. ebd.
32 Vgl. Hinze, Udo: Computergestütztes kooperatives Lernen. Münster, 2004. S. 28.
33 Vgl. Coenen, 2002. S. 30.

28   3 Lerntheorien

Der amerikanische Psychologe *Watson* gilt als Begründer der behavioristischen Bewegung,[34] der weitere berühmte Vertreter wie z.b. *Pawlow* oder *Skinner* angehören.

Der Behaviorist sieht im Menschen ein passives und von Reizen gesteuertes Wesen,[35] das er nach dem Vorbild einer Maschine zu verstehen versucht, in die er nicht hineinsehen kann.[36] Der Lernende wird also als passive *black box* betrachtet, bei dem die inneren, lernbegleitenden Prozesse unbeachtet bleiben.[37] Der Vorgang des Lernens lässt sich mit dieser Theorie daran zeigen, inwieweit ein Individuum auf einen Reiz (Stimulus) die richtige Reaktion (Response) zeigt.

Pawlow wies mit seiner *klassischen Konditionierung* in Experimenten mit Tieren nach, dass Verhalten durch Konditionierung herbeigeführt werden kann. Hierzu ließ er beim Füttern eines Hundes eine Glocke (konditionierter Reiz) erklingen. Dieser Glockenklang wurde nach mehreren Durchgängen vom Hund mit Futter (unkonditionierter Reiz) assoziiert und führte dazu, dass der Speichelfluss (unkonditionierte Reaktion) des Hundes schon beim alleinigen Ertönen der Glocke einsetzte.[38] Diese Verhaltensänderung – von einem unkonditionierten zum konditionierten Reiz – setzte *Pawlow* mit Lernen gleich.[39]

Unter dem Stichwort *Programmierte Instruktion* fanden die behavioristischen (Lern)Ansätze in den 50er und 60er Jahren Eingang in die technischen Medien.[40] Hierbei wird der Lerngegenstand in einzelne, aufeinander aufbauende Einheiten zerlegt. Der Lernende bekommt diese Lerneinheiten (angepasst an das persönliche Wissenslevel) phasenweise und fortlaufend – aufeinander aufbauend – präsentiert.[41]

Der allgemeinen Kritik am *Behaviorismus*, wonach vornehmlich oberflächliche Aspekte wahrgenommen werden und dadurch nur eine eingeschränkte und unzureichende Sicht der Lernprozesse gegeben sei,[42] folgte eine spezielle an *Skinners* Modell der *Programmierten Instruktion*.

Die Handlungsmöglichkeiten des Lernenden sind demnach darauf reduziert, den vorgegebenen Navigationspfaden zu folgen und die gestellten Aufgaben zu lösen.[43] *Kerres* bemerkt dazu passend: „Würde das gesamte Wissen aus ‚richtigen

---

34 Vgl. http://arbeitsblaetter.stangl-taller.at/LERNEN/Behaviorismus.shtml, [16.06.2005]
35 Vgl. Minass, Erik: Dimensionen des E-Learning. Kempten, 2002. S. 14.
36 Vgl. http://arbeitsblaetter.stangl-taller.at/LERNEN/Behaviorismus.shtml, [16.06.2005]
37 Vgl. Hinze, 2004. S. 28.
38 Vgl. Minass, 2002. S. 15.
39 Vgl. Coenen, 2002. S. 30.
40 Vgl. ebd., S. 46ff.
41 Vgl. Hinze, 2004. S. 28f.
42 Vgl. ebd., S. 29.
43 Vgl. Hauswirth, 2005. S. 53.

3.1 Der *Behaviorismus* oder: der *Nürnberger Trichter* 29

Reaktionen auf Fragen' bestehen, so wären Personen nie in der Lage, auf immer neue, unerwartete Situationen schnell, flexibel und (manchmal auch) kreativ zu reagieren."[44]

Der Begriff des *trägen Wissens*[45] bezeichnet pointiert den ‚Schwachpunkt' der behavioristischen Denkweise. Indem Wissen nur kontextbezogen erlernt wird, steht es für kontextabweichende Situationen nicht zur Verfügung.

Thissen verwendet den Begriff der *Nürnberger-Trichter-Didaktik,*[46] bei der sich der Lernende Wissen nur passiv aneignet also sozusagen ‚eintrichtern' lässt.

Aus heutiger Sicht finden sich behavioristische Denkmuster – ungeachtet der kritischen Anmerkungen – in vielen Lernprogrammen wieder. Sie bilden die Grundlage (ob intendiert oder nicht) für Lernsoftware, in der Faktenwissen (Vokabeltrainer, Führerscheinprüfung), geprüft und erlernt werden soll.[47]

**Mensch haben wir den Burschen konditioniert!
Jedesmal wenn ich den Hebel drücke, wirft er uns was zu knabbern rein**

Abbildung 3: Behaviorismus – es geht auch anders!
Quelle: http://www.gp.tu-berlin.de/AllgemeinePsychologieIIStudium/Winter0405/VL_AllgPsyII/
VL%20II%201_04.pdf [09.06.2006]

---

44 Vgl. Kerres, 1998. S. 50.
45 Mandl, u.a. zit. in: Coenen, 2002. S.32.
46 Vgl. http://elib.uni-stuttgart.de/opus/volltexte/1999/233/. S. 4.
47 Vgl. Hauswirth, 2005. S 54.

3.2 Der *Kognitivismus* oder: der ‚binäre Geist'

Die Rolle des Lernenden als passiver, absorbierender Rezipient war für die Vertreter des *Kognitivismus* eine nur unzureichende Theorie, um den Vorgang des Lernens zu beschreiben. Wissenserwerb[48] findet unter kognitivistischen (mit Hilfe des Verstandes) Gesichtspunkten stets in einem Prozess der Verknüpfung statt. Neues Wissen wird mit vorhandenem in Beziehung gesetzt.[49]

Miller versteht unter einem kognitiven Lernprozess:[50]

- Lernen als Informationsaufnahme und Verarbeitung,
- Lernen als Vorgang des Kategorisierens (=Ordnens),
- Lernen als Begriffs- und Hierarchiebildung (=Einordnung),
- Lernen als „in Beziehung setzen",
- Lernen als Wissenserwerb.

Das Lernergebnis wird sowohl von äußeren (Stimuli) als auch von dem lernenden Individuum innewohnenden Faktoren beeinflusst. Der Lernende ist aktiv am Lernprozess beteiligt und erzielt durch innere Verarbeitungsprozesse Lernergebnisse. Hierbei haben Variablen, wie z.B. Interessen, Neigungen oder Vorkenntnisse direkten Einfluss auf die Gestaltung von Lernprozessen. In punkto Einflussnahme beschränken sich die Möglichkeiten des Lernenden auf die Auswahl der einzuschlagenden Lernwege und -situationen. Die Art der Lernergebnisse und die Aufgabenstellung obliegt jedoch weiterhin den Lehrenden.[51]

Die Verarbeitung der Informationen durch das Gehirn hat dazu geführt, dass Vergleiche zu einem Computer hergestellt wurden. Diesen Vergleich zwischen Computer und Mensch aus kognitivistischer Sicht, zeigt *Minass* recht treffend und anschaulich in folgender Tabelle:

---

48 Dieser Begriff wird von den Kognitivisten anstelle von *Lernen* verwendet.
49 Vgl. Coenen, 2002. S.32.
50 Vgl. nachfolgend: Miller, Reinhold: Lehrer lernen – ein pädagogisches Arbeitsbuch. Beltz, Weinheim, 1995. S. 193.
51 Vgl. Hauswirth, 2005. S. 54.

3.2 Der *Kognitivismus* oder: ‚der binäre Geist'

Computer	Mensch
Eingabeeinheiten	Sinne
Effektoren	Muskeln
Speicher	Gedächtnis – Gehirn
Prozessor/CPU	Verarbeitung – Gehirn

Tabelle 2:[52] Vergleich Computer – Mensch in der Informationsverarbeitung

Das Vorwissen des Lernenden spielt eine wichtige Rolle im Prozess der Informationsverarbeitung, da bestehendes Wissen mit dem neuen in Verbindung steht.[53] Hierbei wird schon deutlich, dass im *Kognitivismus* jeder Lernende, bedingt durch unterschiedliche Wissensstände, eine andere Ausgangsbasis mit in den Lernprozess einbringt. Damit sich der Lehrende auf den Stand des Vorwissens beim Lernenden einstellen kann, ist ein beidseitiger Austausch erforderlich, um eine individuelle Lernumgebung entwickeln zu können.[54]

Kritische Betrachtung fand der *Kognitivismus* aufgrund der zu starken Fixierung auf die geistigen Verarbeitungsprozesse[55] und der damit einhergehenden ‚Vernachlässigung' der weiteren Prozesse im Ablauf der ‚Informationsaneignung'.

Lernsysteme, die nach konstruktivistischen Prinzipien aufgebaut sind, zeichnen sich durch frei wählbare Lernwege, gepaart mit Übungsaufgaben und Selbsttests, aus. Hierunter fallen z.B. Intelligente Tutorielle Systeme (ITS) oder Simulationen.[56]

Umsetzungen der kognitiven Theorie finden sich heutzutage in multimedialen Lernsystemen wieder. Die Theorien von *Bruner*[57] zum *Entdeckenden Lernen* bilden zum Beispiel die Basis vieler Lernprogramme für Schüler. Aber auch in der Hochschulausbildung finden kognitive Konzepte Eingang, wie die multimediale Lernumgebung „Was ist los in Hamlettstadt"[58] zeigt, bei der auf explorative Weise eine Einführung in das Gebiet des Verwaltungsrechts stattfindet.

---

52 Vgl. Minass, 2004. S. 16.
53 Vgl. Coenen, 2002. S. 33.
54 Vgl. ebd.
55 Vgl. Blumstengel, Astrid: Entwicklung hypermedialer Lernsysteme. Berlin, 1998. S. 3
56 Vgl. Hauswirth, 2005. S. 55.
57 Bruner, Jerome S.: Der Akt der Entdeckung. in: Neber, Heinz (Hg.): Entdeckendes Lernen. Weinheim/Basel. 1975, S. 15 ff.
58 Eine nähere Beschreibung dieses Projektes findet sich im Anhang (s. A-Divers-03).

3.3 Der *Konstruktivismus* oder: wider dem *trägen Wissen*

„Lernen durch Erleben, Interpretieren und Konstruieren"[59] beschreibt kurzgefasst die Schwerpunkte des *Konstruktivismus*, bezogen auf die Dimension des Lernens. Wie weitläufig die Wurzeln des *Konstruktivismus* – der übrigens bis in die antike Philosophie zurückreicht – verlaufen, lässt sich erahnen, betrachtet man die Literatur.[60] *Klimsa* konstatiert, „Konstruktivismus als ein Ansatz der Wahrnehmungs- oder Lernpsychologie, eine Wissenschafts- und Erkenntnistheorie, ein Menschenbild, eine didaktische Position oder eine Lehrstrategie."[61]

Beim *Konstruktivismus* handelt es sich also um ein Konglomerat verschiedenster didaktischer Ansätze und Methoden, verbunden mit bestimmten Vorstellungen von Menschenbildern.[62]

Um eine Vergleichbarkeit zu den bisherigen Lerntheorien zu gewährleisten ist eine Beschränkung auf den Aspekt des Lernens sinnvoll. Hierbei grenzt sich der Konstruktivismus vor allen gegen die behavioristische Denkweise ab, die dem Lernenden eine rezeptive und passive Position zuteilt.[63]

Eine Definition des ‚Lernens' aus dem Blickwinkel des *Konstruktivismus* unternehmen *Arnold* und *Siebert*:

„Konstruktivistisch gesehen ist *Lernen* nicht ein Zuwachs an Wahrheit, an „richtiger" Erkenntnis der Welt, „wie sie wirklich ist". Lernen ist eher eine Differenzierung kognitiver Systeme und eine Beobachtung der eigenen Wirklichkeitskonstruktion. Lernen ist auch nicht die Kehrseite des Lehrens, Lernen erfolgt nicht nach den Mustern „Input – Output", „Reiz – Reaktion", „Sender – Empfänger."[64]

Lernen ist also eine aktiver Prozess der Wissenskonstruktion[65], bei dem neue Informationen durch kognitive Umstrukturierungsprozesse *viabel*[66] gestaltet und mit vorhandenem kognitiven Schemata bzw. Strukturen verbunden werden.[67]

---

59 Vgl. Hinze, 2004. S. 28.
60 Einen Überblick zur geschichtlichen Entwicklung des Konstruktivismus gibt z.B. der Band von Foersters 2002.
61 Klimsa, P. (1993), zit. in: Kerres, 1998. S. 68
62 Vgl. Kerres, 1998. S. 68.
63 Vgl. Hinze, 2004. S. 28.
64 Vgl. Arnold, Rolf/ Horst Siebert: Konstruktivistische Erwachsenenbildung. Hohengehren, 2003. S. 162.
65 Vgl. http://elib.uni-stuttgart.de/opus/volltexte/1999/233/. S. 8.
66 Mit ‚Viability' wurde ursprünglich die Begehbarkeit eines Weges bezeichnet. Entwicklungsgeschichtlich wurde dieser Begriff u.a. für die Überlebensfähigkeit von Arten verwendet. (v. Glaserfeld, zit. in Arnold/Siebert, 2003, S. 163) Im Konstruktivismus ist „eine Wahrnehmung, eine Erkenntnis, ein Wissen [...] viabel, wenn es zu mir und meiner Umwelt „paßt" und die Erreichung meiner Ziele erleichtert." (Siehe, Arnold/Siebert, 2003, S. 103)
67 Vgl. Hauswirth, 2005. S. 56.

3.3 Der *Konstruktivismus* oder: wider dem *trägen Wissen* 33

Das Problem des *trägen Wissens* – bekannt aus dem *Behaviorismus* – soll durch den konstruktivistischen Ansatz gelöst werden, indem der Wissenserwerb in direktem Kontext mit der jeweiligen Situation im Gedächtnis gespeichert wird. Darüber hinaus ist es wichtig, den verschiedenen Lernenden den Lehrstoff aus unterschiedlichen Perspektiven näher zu bringen.[68] Ansätze, die sich mit dieser Problemlage befassen sind z.B. die *anchored instruction* oder die *cognitive apprenticeship*. Beide werden im fünften Kapitel, „Didaktische Ansätze", näher betrachtet.

Ein plastisches Beispiel, wie der Wissenserwerb unter konstruktivistischen Bedingungen erfolgt, liefern *Bruns* und *Gajewski*. Nach einer intensiven Vorbereitung durch Vokabeltraining geht eine fiktive Person auf Geschäftsreise nach London. Leider gibt es dort Probleme mit der Verständigung, da im passenden Moment die richtigen Vokabeln fehlen. Hätte die Person zu Übungszwecken mit einem Native Speaker oder einer einheimischen Tageszeitung den Wortschatz trainiert,[69] hätte sie die Vokabeln passgenauer, also viabler anwenden können.

Welche Konsequenzen lassen sich also aus Sicht des konstruktivistischen Paradigmas für das Lernen ziehen? In Anlehnung an *Thissen*[70] lassen sich folgende Punkte benennen:

– Da Lernen einen aktiven Prozess der Aneignung von Wissen und dessen aktive Konstruktion mit bereits vorhandenem Wissen darstellt, muss dem Lernenden ermöglicht werden, sich aktiv am Wissensaufbau zu beteiligen.

– Jeder Lernende eignet sich Wissen auf individuelle Weise an, woraus gefolgert werden kann, dass es ebenso viele Lernwege wie Lernende gibt.

– Ein direkter Transfer des Wissens vom Lehrer zum Lernenden ist nicht möglich, da Wissen individuell konstruiert wird. Eine Steuerung des Erwerbs ist indirekt durch Fragen, Hinweise und Informationsvermittlung möglich. Die Rolle des Lehrers gleicht der eines Trainers oder Beraters.[71]

– Lehrer und Lernender werden Partner und erforschen gemeinsam das Stoffgebiet, wobei der Lehrende mit seiner Begeisterung am Stoffgebiet versucht, den Lernenden zu motivieren.

---

68 Vgl. Bruns, Beate/ Petra Gajewski: Multimediales Lernen im Netz, Heidelberg, 2000. S. 15.
69 Vgl. ebd.
70 Vgl. http://elib.uni-stuttgart.de/opus/volltexte/1999/233/. S. 8f.
71 Thissen führt hier den Begriff der Mäeutik an, eine sokratische Methode, die durch geschicktes Fragen ermöglicht, dem Partner innewohnende Antworten und Einsichten zu fördern. Vgl. http:// elib.uni-stuttgart.de/opus/volltexte/1999/233/. S. 8.

Umsetzungen der konstruktivistischen Lernidee finden sich u.a. in Simulationen oder Planspielen.[72] Diese ermöglichen dem Lernenden, verschiedene (Lösungs-)Wege auszuprobieren und durch die gewonnenen Informationen, Zusammenhänge zu erkennen und Wissen zu konstruieren.[73]

3.4 Fazit

Auch wenn sich die vorgestellten Lerntheorien – zeitlich gesehen – nacheinander entwickelt haben, darf nicht davon ausgegangen werden, dass die eine die andere abgelöst bzw. ersetzt hat. Es darf nicht vergessen werden, wie *Hauswirth* feststellt, dass alle drei lerntheoretischen Strömungen nebeneinander existieren. Mehr oder weniger bewusst greifen didaktische Ansätze bzw. Lehrmethoden auf Annahmen zurück, wie menschliches Lernen funktioniert. Dabei ist es durchaus nicht unüblich, wenn ein Lernsystem auf mehreren lerntheoretischen Strömungen basiert.[74]

Die spätere Auswertung einer Umfrage (s. Kap. 7) soll einen aktuellen Überblick geben, auf welcher lerntheoretischen Basis heutige e-Learning-Systeme entwickelt werden.

---

72 Ein Beispiel für den Einsatz eines Planspiels in die universitäre Lehre findet sich an der Universität Siegen. Herr Prof. Dr. Ochs arbeitet bereits seit den frühen 90er Jahren im Bereich der Betriebswirtschaftslehre mit selbstkonstruierter Planspielsoftware. Eine aktuelle Version des Planspiels ‚skateup' findet sich unter http://www.skateup.de.

73 Vgl. http://elib.uni-stuttgart.de/opus/volltexte/1999/233/. S. 11.

74 Vgl. Hauswirth, 2005. S. 58.

4 Lerntypologie

„Jeder Lernende unterscheidet sich von jedem anderen.
Jedes Gehirn arbeitet anders."
(Chris Ward)

Bevor der Tele-Tutor oder Lehrende sich die Frage stellt, welche der in Kap. 3 vorgestellten Lerntheorien die geeignete Grundlage für die Planung einer Lehrveranstaltung darstellt, sollte er das Lernen an sich näher betrachten. Wie genau verläuft der Prozess der Wissensaneignung und -speicherung und welche Unterschiede gibt es zwischen den Lernenden?

Im ersten Teil wird die physiologische Theorie näher beleuchtet, die zwischen vier Wahrnehmungstypen unterscheidet. Der zweite Teil dieses Kapitels, also die Frage nach den Unterschieden zwischen den Lernenden, befasst sich mit der Typologie der Lerntypen.

Bei der Planung und Durchführung von Seminaren ist es sinnvoll, die folgenden Lerntypen zu thematisieren. Dies kann je nach Seminarform und Kontext in Form eines Exkurses bzw. einer anonymen Befragung geschehen. Auf der Grundlage dieser Rückmeldungen lässt sich z.B. eine Entscheidung treffen, ob der Lernstoff vornehmlich visuell, auditiv, etc. vermittelt werden kann/soll. Zudem kann die Zuordnung zu einem Lerntyp von Seiten der Lernenden natürlich auch Selbsterfahrungscharakter haben.

4.1 *Physiologische Theorie*

Die *Physiologische Theorie* versucht Zusammenhänge zwischen biologischem Aufbau des Nervensystems und dem menschlichen Verhalten nachzuweisen.[75]

Untersuchungen haben gezeigt, dass jeder Mensch Wissen bzw. Informationen anders aufnimmt. Deshalb ist der Weg, wie Wissen vermittelt werden soll, für jeden Menschen anders zu planen.[76]

---

75 Vgl. Minass, 2002. S. 17.
76 Vgl. ebd.

36   4 Lerntypologie

Abgeleitet aus dieser Theorie lassen sich vier Wahrnehmungstypen bestimmen:[77]

- Auditiver Typ   (Lernen erfolgt durch Hören)
- Visueller Typ   (Lernen erfolgt durch bildliches Sehen)
- Haptischer Typ   (Lernen erfolgt durch Tasten)
- Abstrakt verbaler Typ   (Lernen erfolgt durch Lesen)

Diese Theorie geht davon aus, dass eine Tätigkeit, bei der beide Hirnhälften beansprucht werden, eine längere Speicherung der Informationen erwirkt.[78]

Eine Lehrveranstaltung im virtuellen Raum sollte demnach so konzipiert sein, dass sie jeden Wahrnehmungstyp mit einbezieht. Betrachtet man die verschiedenen Typen samt Ausprägung, lässt sich erkennen, dass eine virtuelle Lehrveranstaltung nicht in der Lage ist, allen Anforderungen zu genügen. Die Integration des haptischen Typs kann nicht ausreichend gelingen, da der Bezug zur Tastatur bzw. Maus, also der Peripherie keine ausreichende Lösung darstellt.

4.2 Lerntypen – ein weites Feld

Die Unterschiede zwischen den Lernenden lassen sich am deutlichsten anhand von Charakterisierungen festmachen. Ein Blick auf den aktuellen Forschungsstand gibt Auskunft, wie breit dieses Thema bisher bearbeitet wurde.

Aus der Perspektive eines Tele-Tutors scheint in diesem Zusammenhang eine neuere Untersuchung von *Ehlers* interessant zu sein, der die Nutzer von e-Learning-Angeboten näher betrachtet. Demzufolge lassen sich – wie schon bei der *Physiologischen Theorie* – vier verschiedene Nutzertypen extrahieren:[79]

Der Individualist – inhaltsorientiert

- Ansprüche liegen auf der inhaltlichen Ebene
- inhaltsorientierte Angebote werden bevorzugt
- legt Wert auf didaktische Strukturierung
- bevorzugt selbstgesteuertes Lernen
- Präsenzveranstaltungen, Interaktion und Kommunikation sind für ihn entbehrlich

---

77 Die Zuordnung zum Wahrnehmungstyp führt in der Regel zur Ausprägung „Mischform".
78 Vgl. Minass, 2002. S. 18.
79 Vgl. nachfolgend Ehlers, Ulf-Daniel: Qualität im e-Learning aus Lernersicht. Wiesbaden, 2004. S. 257ff.

Der Ergebnisorientierte – eigenständig und zielorientiert

- bevorzugt Standardangebote
- präferiert arbeitsintegriertes Lernen
- besitzt eine hohe Lern- und Medienkompetenz
- Präsenzveranstaltungen, Interaktion und Kommunikation sind für ihn entbehrlich

Der Pragmatiker – bedarfsorientiert

- sucht tutorielle, sachorientierte Betreuung
- hat Information und Beratung nötig
- bevorzugt personalisierte Lernprozesse
- hat hohe didaktische Anforderungen

Der Avantgardist – interaktionsorientiert

- legt Wert auf Diskussionen/Kommunikation beim e-Learning
- bevorzugt tutorielle lernerorientierte Betreuung
- sucht vornehmlich synchrone Kommunikationsmöglichkeiten (z.B. Videokonferenzen, Chat)
- lernt gerne in (virtuellen) Lerngruppen
- benötigt Information und Beratung
- präferiert didaktische Reichhaltigkeit

4.3 Fazit

Aus der Sicht eines Tele-Tutors sind sowohl die allgemeinen Erkenntnisse zu den Wahrnehmungstypen als auch die spezielle Kategorisierung der Nutzertypen von e-Learning-Angeboten für den Betreuungsprozess bedeutsam. Offensichtlich beeinflusst die Auswahl des Mediums den Lernprozess beider Typen.

In Bezug auf die Einteilung der Nutzertypen von *Ehlers* scheint die Auswahl des passenden Mediums allein nicht auszureichen, um dem jeweiligen ‚Nutzerprofil' zu entsprechen. Es werden vom Tele-Tutor demnach speziellere methodische Konzepte verlangt, um den Typisierungen zu entsprechen.

5 Didaktische Ansätze

„Tell me and I forget;
teach me and I remember;
involve and I learn."

(Benjamin Franklin)

Neben einer lerntheoretischen Fundierung hängt der Erfolg von tutorieller Betreuung auch immer von der zugrunde liegenden didaktischen Planung ab. Aus diesem Grund ist eine nähere Betrachtung didaktischer Ansätze sinnvoll. Nach einer kurzen Einführung in die Geschichte der Didaktik werden zwei Theorien vorgestellt, die für den Einsatz im e-Learning-Bereich geeignet erscheinen.[80]

Unter *Didaktik* versteht man im eigentlichen Sinne die Theorie und Praxis des Lehrens und Lernens. Aus etymologischer Sicht lässt sich das Wort *Didaktik* (gr. ‚didákein‘ =‚lehren‘ [81]) in die griechische Antike (etwa 600-200 v. Chr.) einordnen.[82] Als wegweisend für die Gegenwart[83] wird das 1657 von *Commenius* verfasste Werk, *Didactica Magna*, angesehen.[84] 1961 entwirft *Klafki* folgende Definition der Didaktik:

- „Didaktik als Wissenschaft und Lehre vom Lehren und Lernen (...)"
- „Didaktik als ‚Bildungslehre‘ im umfassenden Sinne"
- „Didaktik als Wissenschaft vom Unterricht (...)"
- „Didaktik als Theorie der Bildungsinhalte, ihrer Struktur und Auswahl (...)"[85]

Die Definition *Klafkis* verdeutlicht, wie umfangreich sich der Gegenstandsbereich der *Didaktik* gestaltet. Es gibt nicht nur die ‚eine‘ *Didaktik* sondern zahlreiche weitere Definitionen und didaktische Theorien. Dieses breite Spektrum ist keiner

---

80 In der späteren Auswertung der Umfrage, „e-Learning ‚up to date‘", wird zudem der aktuelle Stand zum momentanen Einsatz der didaktischen Ansätze in e-Learning-Anwendungen gegeben.
81 Vgl. Kluge, Friedrich: Etymologisches Wörterbuch der deutschen Sprache. Berlin, 1995. S. 179.
82 Vgl. Kron, Friedrich: Grundwissen Didaktik. München, 2004. S. 38.
83 Ein detaillierter Überblick zur Entwicklung der Didaktik findet sich in: Riedel, Alfred: Grundlagen der Didaktik. Wiesbaden, 2004. S. 53f.
84 Vgl. ebd., S. 40.
85 Vgl. ebd., S. 41.

40   5 Didaktische Ansätze

Ungenauigkeit geschuldet, sondern spiegelt den stetigen Veränderungs- und Anpassungsprozess wider. *Didaktik* ist in einem ständigen ‚Fluss' und versucht, sich neuen Bedingungen anzupassen.

Relevant für den Gegenstandsbereich dieser Arbeit erscheinen zwei didaktische Konzepte, die im Bereich der *Neuen Medien* Anwendung gefunden haben und für die spätere Analyse des Aufbaus von Lehr- und Lernsystemen (s. Kap. 7) bzw. der Konzeption einer Lehrveranstaltung (s. Kap. 8) hilfreich erscheinen.

Sozusagen ‚außer der Reihe' soll abschließend noch auf das Konzept des *Didaktischen Dreiecks* eingegangen werden, das einen guten Überblick in das didaktische Beziehungsnetz ermöglicht.

5.1 *Cognitive Apprenticeship* – Lernen im Sinne der Meister[86]

Das von *Brown*[87] und *Duguid* entwickelte Modell des *Cognitive-Apprenticeship* (wörtlich übersetzt „Kognitive Lehre") trägt den Namen aufgrund der Ähnlichkeit zur handwerklichen Ausbildung.

Die wesentlichen Grundannahmen beruhen auf der anfänglichen starken Stützung des Lernenden durch einen Lehrenden oder Tutor (Meister), welcher ihn nach und nach in die Selbständigkeit entlässt. Sinn und Zweck dieser Vorgehensweise ist die Sicherstellung, dass der vermittelte Lernstoff anfangs korrekt aufgenommen wird, sich im weiteren Lernprozess festigt und vom Lernenden selbstgesteuert angewendet werden kann.

Das Modell gliedert sich in sechs aufeinander folgende Abschnitte bzw. Lernphasen:

1. Beim *Modeling* wird von einem Experten (Lehrer, Tutor) neuer Lernstoff – z.B. in Form einer Problemstellung – vorgestellt, so dass den Lernenden die Chance gegeben wird, den Prozess der Vermittlung und etwaigen Lösungsfindung en detail zu verfolgen. Wichtig für die Rolle des Experten ist die Darlegung der für den Zuschauer verborgenen Prozesse und Strategien. Auf einer Metaebene sollte er darüber berichten und sein Handeln begründen können.

Von dieser Art der Anleitung bzw. Vermittlung wird erwartet, dass sich bei den Lernenden ein Modell bzw. Verständnis für die Abfolge der einzelnen Lernschritte

---

86 Vgl. nachfolgend Niggemann, H.M., et al.: Kompendium E-Learning. Springer, Berlin/Heidelberg, 2004. S. 34ff.
87 Vgl. Brown, J.S. et al.: Situated cognition and the culture of learning. Educational Researcher, 18. S. 32-41.

5.1 *Cognitive Apprenticeship* – Lernen im Sinne der Meister 41

entwickelt bzw. einprägt, welches sie dazu befähigt, das aufgebaute Wissen zu einem späteren Zeitpunkt selbst anzuwenden.

2. Die zuvor gelernten Handlungsabläufe werden beim *Coaching* von den Lernenden selbst ausgeführt und gleichzeitig von einem Experten betreut. Dieser kommentiert die Arbeitsabläufe, gibt Ratschläge und weist auf fehlende Arbeitsschritte beim Lernenden hin. Bei Bedarf wiederholt er bereits gezeigte Abläufe, um sie zu intensivieren.

3. Das *Scaffolding* ([Bau]Gerüst), verlangt vom Experten, dass er einschätzen kann, auf welchem Wissensstand sich der Lernende befindet. Er muss beurteilen können, wo noch Unterstützung nötig ist und wo der ‚Lehrling' selbstständig arbeiten kann. Diese Lernphase ist gekennzeichnet durch eine Kooperation zwischen Experten und Lernendem, wobei der Schüler die nötige Selbständigkeit erhält. Der Lehrende versucht sich je nach Möglichkeit immer weiter zurückzuziehen (*fading*).

4. Durch die *Articulation* soll dem Lernenden die Möglichkeit gegeben werden, über das eigene Wissen und Denken oder bestehende Probleme zu kommunizieren. Impulse von Seiten des Experten können z.b. gezielte Fragen oder Aufgaben zum Wiederholen des Lernstoffs mit eigenen Worten sein.

5. Die *Reflection* verlangt vom Lernenden, dass er seine eigene Lernleistung in Beziehung mit anderen setzt. Hierfür muss er sich das eigene Wissen und Handeln mit Hilfe von geeigneten Methoden (z.B. Feedback von Experten/Lernenden) vergegenwärtigen, um in einer Art ‚Lernstandskontrolle' abschätzen zu können, wie die eigenen Fähigkeiten z.B. im Vergleich zu anderen Lernenden zu bewerten sind.

6. Mit der *Exploration* ist nach dem Ansatz des *Cognitive Apprenticeship* die letzte Stufe erreicht. Auf dieser Ebene ist der Experte nicht mehr präsent. Der Lernende soll nun dazu fähig sein, Sachverhalte eigenständig zu bearbeiten und Problemstellungen mit der richtigen Strategie zu begegnen.

5.1.1 *Anmerkungen*

Resümierend stellen *Mandl* et al. fest, dass ein wesentliches Kennzeichen des *Cognitive Apprenticeship*-Ansatzes die „Verankerung des Lernens in authentischen Situationen sozialer Praxis ist."[88]

---

88 Mandl, Heinz, et al.: Situiertes Lernen in multimedialen Lernumgebungen. S. 145. In: Issing,

42 5 Didaktische Ansätze

Für den erfolgreichen Einsatz dieser Methode sollten folgende Variablen Beachtung finden:

- praxisnaher Einsatz der Methode
- Sequenzierung des Lernstoffs, um Überforderung zu vermeiden
- Einordnung des Lernstoffs in eine globale Perspektive (Verdeutlichung der Zielrichtung, Möglichkeit, die lokale Vernetzung auf globaler Ebene weiterzuführen)

5.2 Anchored Instruction

Der 1990 an der Vanderbilt University/USA entstandene Ansatz der *Anchored Instruction* (verankerte Anweisung) basiert auf der Vorstellung, dass die Art der Einführung in ein neues Themengebiet maßgeblich zum Erfolg des weiteren Fortschritts bzw. der weiteren Entwicklung beiträgt.

> „The major goal of anchored instruction is to enable students to notice critical features of problem situations and to experience the changes in their perception and understanding of the anchor as they view the situation from new points of view." [89]

Die Einführung sollte also möglichst lebensnahe bzw. authentische Problemsituationen bieten, um eine ‚Verankerung' bei den Lernenden zu erreichen und die Bildung von *trägem Wissen* (vgl. Der *Behaviorismus* oder: der *Nürnberger Trichter*) zu vermeiden. [90]

Weidenmann spricht in diesem Zusammenhang von einer „(...) Kontextualisierung der Inhalte in realistische komplexe Situationen (...)". [91] Die Umsetzungsmöglichkeiten, um den Lernstoff authentisch präsentieren zu können, sind nicht auf ein bestimmtes Medium beschränkt. Vielmehr kann eine Mischung aus verschiedenen Medien dazu dienen, verschiedene Lerntypen ‚authentisch' anzusprechen. Hierzu kann der narrative Lernvortrag ebenso zählen, wie eine Computersoftware oder eine Videopräsentation. Empfehlenswert scheinen in diesem Zusammenhang interaktive Medien, bei denen der Lernende selbst ‚mitwirken' und dementsprechend die Folgen seines Handelns unmittelbar beobachten kann. [92]

Ludwig J./ Paul Klimsa: Information und Lernen mit Multimedia und Internet. Beltz, Weinheim, 2002.

[89] Bransford, J.D., et. al.: Anchored instruction: Why we need it, and how technology can help. 1990. S. 123.

[90] Vgl. Arnold, Patricia, et al.: E-Learning – Handbuch für Hochschulen und Bildungszentren. Nürnberg, 2004. S. 86f.

[91] Weidenmann, Bernd: Multicodierung und Multimodalität im Lernprozess. S. 60. In: Issing, Ludwig J./ Paul Klimsa: Information und Lernen mit Multimedia und Internet. Weinheim, 2002.

[92] Vgl. ebd., S. 60.

5.3 Vom *Didaktischen Dreieck* zum Viereck

Eine gute und lehrreiche Zusammenfassung, welche Anforderungen ein ‚Anker' erfüllen muss, findet sich bei *Hinze*:

„Ein Anker soll:
- einen hohen Grad an Komplexität und Authentizität aufweisen,
- intrinsisch motivierend wirken,
- die wesentlichen Eigenschaften einer Problemsituation vermitteln,
- ein allgemeines Ziel beinhalten, das über eine Reihe von Teilzielen erreichbar ist,
- anschauliches Material liefern, das „generative" Problemlösungsprozesse anregt (eigenständiges Identifizieren und Lösen von Problemen)."[93]

5.3 Vom *Didaktischen Dreieck* zum Viereck

Ob es sich um Lehrveranstaltungen auf Präsenzbasis oder auf virtueller Ebene handelt, auf beide lassen sich didaktische Beziehungsstrukturen anwenden. Der Ansatz des *Didaktischen Dreieck*s soll verdeutlichen, wie sich diese Strukturen gestalten und wie sie einander bedingen.

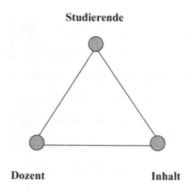

Abbildung 4: Didaktisches Dreieck[94]

---

93 Vgl. Hinze, 2004. S. 30.
94 Nachbau in Anlehnung an: Behling, Silke et al.: Grid-Interviews mit Notebook-Unterstützung. Münster, 2004. S. 190.

Das Modell des *Didaktisches Dreiecks* symbolisiert die wechselseitige Abhängigkeit (Interdependenz) der drei Eckpunkte im Prozess des Unterrichts. Wie diese drei Komponenten benannt werden, ist je nach Anwendungskontext unterschiedlich. So lässt sich z.b. auf Hochschulebene eine Zuordnung zu „Dozent – Studierende – Inhalt" festlegen.

Nach Meinung von *Meschenmoser/Duismann*[95] führt jede Veränderung an einer Stelle in diesem Gefüge automatisch zu Veränderungen bei den anderen Komponenten.

Wendet man die bisherigen Annahmen über das Didaktische Dreieck auf eine Situation an der Hochschule an, könnte sich folgendes Beispiel ergeben:

Ein Dozent verändert in der Mitte des Seminarzyklus die Beziehung zu den Studierenden[96] durch die Einführung einer neuen Methode. Dies hat eine Veränderung der Wahrnehmung des Themas seitens der Studierenden zur Folge. Da der Dozent das Thema unter neuer Zielsetzung behandelt (z.B. problemorientiert, multiperspektivisch) wird das auch Einfluss auf die Lernarrangements haben, die er mit der Lerngruppe trifft. Wenn die Studierenden z.b. selbst zum Thema forschen und dadurch den Lerninhalt mitbestimmen, verändert dies auch die Rolle des Dozenten im Lernprozess (Wechsel vom ‚Referenten' zum Koordinator der Lernprozesse).

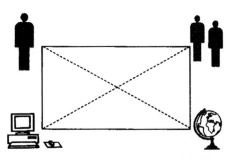

Abbildung 5: Didaktisches Viereck
Quelle: Kron, Grundwissen Didaktik, S. 32.

Wie *Kron* in obiger Abbildung zeigt, ist die Struktur des *Didaktischen Dreiecks* – bedingt durch den zunehmenden Einsatz von multimedialen Lernumgebungen –

---

95 Vgl. www.learn-line.nrw.de/angebote/mksu/basiseinheit.jsp?page8,3,4,3,5 [10.06.2006]
96 Gemeint ist die bis dahin aufgebaute Beziehungsstruktur zwischen Lehrenden und Lernenden.

5.3 Vom *Didaktischen Dreieck* zum Viereck

für heutige Beschreibungen nicht mehr ausreichend. Aus diesem Grund wurde eine Weiterentwicklung zum *Didaktischen Viereck* vorgenommen, bei dem die *neuen Medien* einen eigenen Eckpunkt markieren und somit das komplexe Beziehungsgefüge erweitern.

Abschließend lässt sich also festhalten, dass sowohl bei der Planung einer Lehrveranstaltung als auch im tutoriellen Betreuungsprozess die Grundsätze des Didaktischen Drei- bzw. Vierecks stets im Hintergrund präsent sein sollten.

Teil 2

Tutorielle Betreuung

–

Die praktische Perspektive

6 Tutorielle Begleitung von Studierenden bei Lernprozessen in virtuellen Seminaren – die praktische Perspektive

> *„Ja, mach nur einen Plan.*
> *Sei nur ein großes Licht!*
> *Und mach dann noch 'nen Zweiten Plan.*
> *Geh'n tun sie beide nicht.*
>
> (Bertolt Brecht, das Lied von der
> Unzulänglichkeit menschlichen Strebens)

In diesem zweiten Teil des Buches soll dargestellt werden, welche Vorraussetzungen erfüllt sein müssen, damit Lernprozesse im virtuellen Raum stattfinden können und welche Funktion bzw. Aufgabe dem Tele-Tutor dabei zu Teil wird. Auf der Grundlage der Auswertung zweier Seminare und einer Onlineumfrage sollen die gewonnenen Erkenntnisse in die Konzeption einer Lehrveranstaltung münden. Letztlich wird zu entscheiden sein, ob Bertolt Brecht mit seinem Zitat (s.o.) recht behält, oder eine sinnvolle Planung möglich ist.

6.1 Die Lernplattform *Open sTeam*

Die Untersuchung zur tutoriellen Begleitung von Studierenden im virtuellen Raum wurde mittels eines Learning Management Systems durchgeführt. In Kooperation mit der Universität Paderborn konnte das dort entwickelte System *Open sTeam*[97] für die Untersuchung an der Universität Siegen genutzt werden. Zum besseren Verständnis wird der Auswertung eine kurze Einführung in das System vorangestellt.[98]

---

97 Nähere Informationen zum System finden sich auf: http://www.open-steam.org.
98 weitere detaillierte Einführungen finden sich im Anhang dieser Arbeit (A-S-08) oder auf: http://www.open-steam.org/Einf%C3%BCrhung/

6.1.1 Beschreibung

Open sTeam zählt – neben weiteren Varianten wie z.b. *Blackboard* oder *Moodle* – zu dem Segment der Learning Management Systeme. Die Plattform *Open sTeam* zeichnet sich durch eine kostenlose Nutzung aus. Konzipiert wurde sie, um Lehrenden und Studierenden Unterstützung bei der Gründung von Gruppen über das World Wide Web (WWW) zu bieten. Die passwortgeschützte Ebene von *Open sTeam* bietet die Möglichkeit, Dokumente abzulegen oder mit anderen Teilnehmern synchron (Chat) oder asynchron (Forum) zu kommunizieren.

6.1.2 Funktionen

Open sTeam wartet mit einer großen Funktionalität auf. Folgend werden jedoch nur die Funktionen aufgeführt, die tatsächlich in den durchgeführten Seminaren zur Anwendung kamen.

- eigene virtuelle Visitenkarte anlegen
- E-Mails über das interne *Open sTeam*-System empfangen
- eigene untergeordnete Arbeitsbereiche innerhalb des persönlichen Arbeitsbereiches einrichten
- im Arbeitsbereich der Seminarebene und in den untergeordneten Arbeitsgruppenbereichen Ordner (Container), Links und Messageboards (Foren) anlegen sowie Dateien (Dokumente) ablegen
- Objekte in die Zwischenablage (Rucksack) verschieben oder kopieren, um sie woanders abzulegen (Objekt fallen lassen)

6.2 Durchführung der Seminare

Im Folgenden sollen zwei Seminare, die mit Unterstützung eines Tele-Tutors auf der Lernplattform *Open sTeam* durchgeführt wurden, näher beschrieben werden. Die Seminare fanden im Wintersemester 2003/2004 an der Universität Siegen im ISPA-Studiengang – Integrierter Studiengang Sozialpädagogik/-arbeit – statt.

Beide Seminare waren als Kompaktseminare konzipiert. Dennoch unterschieden sie sich in ihren einzelnen Planungsschritten. Die Erfahrungen der Studierenden beider Seminare wurden anhand von Abschlussbefragungen evaluiert und spiegeln sich im Abschluss der Seminarbeschreibung wider. Darüber hinaus werden die Erfahrungen des Tele-Tutors und die sich daraus ergebenden Erkenntnisse für die

6.3 Seminar: Qualitätsinstrumente in Kindertagesstätten

tutorielle Betreuung geschildert. Für eine bessere Unterscheidung der Vorgehensweise werden die Seminare nachfolgend einzeln vorgestellt.

6.2.1 Lerntheoretische Basis

Bereits im Vorfeld wurde für beide der folgenden Seminare die lerntheoretische Basis festgelegt. Ausgehend von einer kognitivistischen Sichtweise, sollten die Studierenden in einem ersten Schritt bestehendes Wissen mit neuen fachlichen Informationen verknüpfen und verarbeiten. Der Schritt in die virtuelle Seminararbeit sollte schließlich die Studierenden dazu anregen, das neu erworbene Wissen in situationsbezogenem Kontext *viabel* zu gestalten und aktiv anzuwenden.

6.3 Seminar: Qualitätsinstrumente in Kindertagesstätten – was sie leisten oder nicht. Ein kritischer Vergleich (QUALKI)

6.3.1 Inhaltlicher Fokus

Der Schwerpunkt des Seminars lag auf der Vorstellung verschiedener Qualitätsinstrumente für Kindertagesstätten mit einem anschließenden Vergleich der einzelnen Ansätze unter Berücksichtigung ihrer Tauglichkeit. Die Vorstellung und Bewertung erfolgte durch Studierende, die zum jeweiligen Ansatz Arbeitsgruppen gegründet hatten.

6.3.2 Herangehensweise

Die Planung für das Kompaktseminar sah zwei Termine vor: Eine Vorbesprechung und die eigentliche Arbeitsphase, die auf ein Wochenende begrenzt war.

Die Vorbesprechung sollte den späteren Weg für das Seminar ebnen. So wurde zunächst ein inhaltlicher Überblick zum Thema gegeben, mit einer anschließenden Vorstellung der verschiedenen Themenansätze. In der darauffolgenden Formierung der Arbeitsgruppen wurden diese Ansätze auf mehrere Gruppen aufgeteilt. Jede Gruppe hatte den Auftrag, das jeweilige Qualitätsinstrument bis zum Termin des Kompaktwochenendes in Referatsform vorzubereiten. Die benötigte Literatur konnte während der Sprechstundenzeiten des Dozenten abgeholt werden.

Da zum Zeitpunkt der Vorbesprechung noch nicht feststand, dass das Seminar mit tutorieller Unterstützung auf einer Lernplattform stattfinden würde, waren die Studierenden über diese Vorgehensweise nicht informiert.

Für die weitere Planung war zu bedenken, dass die Studierenden wahrscheinlich weder mit einer Lernplattform noch mit tutorieller Betreuung Erfahrung hatten. Erschwerend kam hinzu, dass eine Präsenzeinführung in das System aus zeitlichen Gründen nicht während des Kompakttermins stattfinden konnte, ein weiterer Termin für ein vorheriges Treffen jedoch aussichtslos war. Es ergab sich also die Notwendigkeit, die Studierenden ausschließlich per Email zu instruieren, um damit gleichzeitig eruieren zu können, wie sich eine fehlende Präsenzeinführung auf den weiteren Arbeitsprozess auswirkt.[99]

6.3.3 Planungen vor Seminarbeginn

Zur Vorbereitung des Seminars ergaben sich demnach folgende Aufgaben für den Tele-Tutor:

– Entwurf eines Anschreibens an die Teilnehmer inklusive einer verständlichen Einführung für die Anmeldeprozedur
– Entwurf einer ausführlichen Beschreibung des Aufbaus von *Open sTeam*
– Aufbau einer Emailliste
– Einrichtung der Arbeits- bzw. Seminarumgebung auf der Lernplattform (Erstellung von Ordnern, Foren, Hochladen von Materialien)
– Einrichtung einer speziellen Emailadresse für Rückfragen

Nach diesen Planungsschritten wurde die einführende Email[100] an die Teilnehmer versandt. Innerhalb einer Woche hatten sich fast alle Teilnehmer auf der Lernplattform angemeldet und die erste Erkundung auf der Seminarebene (s. Abb. 6) vorgenommen. Als weitere Hilfefunktion befand sich im Eingangsbereich der Seminarebene eine ausführliche Anleitung[101] zur Benutzung von Open sTeam, die dort als pdf.-Datei heruntergeladen werden konnte.

Anschließend wurde vom Dozenten eine Bewertungsmatrix entworfen, die den Teilnehmern einen Vergleich der einzelnen – im Seminar behandelten – Instrumente ermöglichen sollte. Diese Matrix wurde den Teilnehmern sowohl per Email als auch über die Lernplattform zugänglich gemacht.

---

99   Eine Präsenzeinführung wurde dementsprechend beim zweiten – später zu beschreibenden – Seminar durchgeführt.
100 Ein Exemplar dieses Briefes findet sich im Anhang (A-S-07).
101 Diese Anleitung findet sich ebenfalls im Anhang dieser Arbeit (A-S-08).

6.3 Seminar: Qualitätsinstrumente in Kindertagesstätten

Nach dieser ersten Begegnung mit der Lernplattform folgte das Kompaktseminar, in dessen Verlauf die Ergebnisse der Arbeitsgruppen vorgetragen wurden.

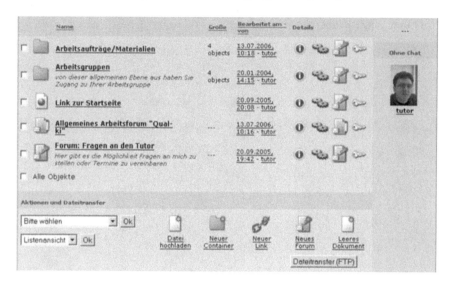

Abbildung 6: Ansicht der Seminarebene in Open sTeam

6.3.4 Verlauf nach dem Kompaktseminar

Aus zeitlichen Gründen konnten vor dem Kompaktseminar keine weiteren Unternehmungen zum Kennenlernen und Festigen der Funktionen von *Open sTeam* durchgeführt werden. Da mit diesen Ergebnissen keine Folgerungen über den ‚Sinn' eines Einsatzes von *Open sTeam* (oder anderen Lernplattformen) in Seminaren getroffen werden konnten, wurde zwischen Dozent und Tele-Tutor eine Fortführung des Seminars mit folgenden Ideen vereinbart:

- Präsentation der Arbeitsgruppenergebnisse als Endbericht auf der Plattform
- Bewertung der einzelnen Instrumente durch die Studierenden
- Koppelung der Seminarbewertung (über *Open sTeam*) an die Scheinvergabe
- Onlinebetreuung der Studierenden bei Hausarbeiten durch den Dozenten
- Onlinebetreuung und Beratung der Studierenden in Vorbereitung für die Fachprüfungen

Die Aufgabe für die Studierenden bestand nun darin, sich auf der Plattform mit den anderen Gruppenmitgliedern unter Zuhilfenahme eines Forums zu verständigen. Hierfür wurden im Vorfeld für jede Arbeitsgruppe eigene Areale mit jeweils eigenen Foren eingerichtet (s. Abb. 7).

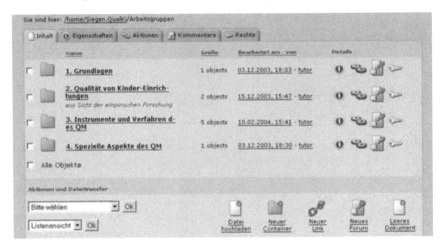

Abbildung 7: Ansicht der Arbeitsgruppenebene

Das Ziel war die Verschriftlichung der Arbeitsergebnisse, um sie danach in den Arbeitsbereich der jeweiligen Arbeitsgruppe hochladen zu können.[102]
Die Bearbeitung dieser Aufgabe beanspruchte mehr Zeit als veranschlagt.[103] Deshalb wurde in einer Rundmail – durch den Tele-Tutor – an die Arbeitsgruppen der Status der Arbeitsberichte abgefragt und ein erneuter Termin für das Hochladen der Ergebnisse festgelegt. Diese Rundmail führte erstmalig zu einer verstärkten Kommunikation zwischen Studierenden und Tele-Tutor. Die eingehenden Nachrichten enthielten größtenteils Probleme auf technischer Ebene, die hilfreich für die Weiterentwicklung waren. Hier drei Beispiele:

> „Also ich finde mich mit dem o. g. Programm nicht zurecht. Ich finde es erfordert viel Zeitaufwand, ebenfalls wenn ich mir Dokumente ansehen möchte, erscheint immer wieder eine neue Anmeldung. Nicht nur die Anmeldung sondern man muß hoffen, daß man ins Team aufgenommen wird. Bisher habe ich bzgl. der Arbeitsaufgabe auch noch nicht wirklich brauchbares gefunden, es war höchstens ineffektiv, denn die Zeit ist weg und es hat

---

102 Für diese Aufgabe wurde eine Frist gesetzt, um dem Zeitplan bis Ende des Semesters einhalten zu können.
103 Gründe für die Verzögerung finden sich unter 6.3.6.

6.3 Seminar: Qualitätsinstrumente in Kindertagesstätten 55

einem kaum etwas genutzt. Vor allem hat dieses Programm noch nicht einmal einen Logout Button, der Chat funktioniert auch nicht, also ich weiß nicht. Dieses Programm mag sicherlich für einige eine gute Idee sein, jedoch sicherlich nicht für alle. Man kann sich auch per E-mail absprechen, es gibt den Yahoo Messanger, worüber man kommunizieren kann. Also die wirkliche Funktion dieses Programms habe ich noch nicht verstanden. [...]" (A-S-09)

„Ich habe es geschafft (HOFFENTLICH!!!!). Sie hatten natürlich recht, ich mußte mich nochmal neu anmelden, habe das aber mit einem neuen Nicknamen + neues Kennwort getan, anders ging es nämlich nicht. Ich möchte Sie nun bitten nachzuschauen, ob meine Ausarbeitung nun wirklich drin ist. Wenn immer noch nicht, dann ziehe ich alles auf Diskette und komme bei Ihnen vorbei. Wenn alles geklappt hat, kann ich entspannt ins Wochenende gehen...
Es wäre schön, wenn Sie mir noch heute zurückschreiben könnten, weil ja am Montag alles endgültig fertig sein muß. Ich bedanke mich bei Ihnen für die Unterstützung + Geduld und werde Ihre Hilfe bestimmt auch weiterhin in Anspruch nehmen müssen." (A-S-09)

„OpenSteam finde ich total Klasse!" (A-S-09)

Schlusspunkt dieser Arbeitsaufgabe war eine Nachricht des Dozenten im Forum des *Open sTeam*-Systems, die einerseits einen Überblick über die weiteren Arbeitsaufgaben beinhaltete, andererseits aber auch aufbauenden Charakter hatte:

„Hallo, liebe Studierenden des Qualki-Seminars! Mit großer Freude habe ich festgestellt, dass Sie Ihre Beiträge inzwischen in den Server gestellt haben. Jetzt kommt der nächste (der vorletzte) Schritt." (Auszug aus A-S-10)

Der angesprochene vorletzte Schritt forderte von den Studierenden eine inhaltliche Bewertung der unterschiedlichen Qualitätsinstrumente für Kindertagesstätten. Hierfür war eine Auseinandersetzung der Teilnehmer mit den Arbeitsergebnissen der anderen Arbeitsgruppen erforderlich. Die Bewertungskriterien des Dozenten wurden vom Tele-Tutor in einem Forum integriert und sollten dort auch von den Studierenden bewertet werden.

Den Abschluss der Arbeiten in *Open sTeam* stellte eine Seminarevaluation dar. Die Studierenden sollten hierzu – in einem extra dafür vom Tele-Tutor eingerichteten Forum – einerseits Fragen zum Seminar und andererseits zum Arbeiten in der virtuellen Lernumgebung beantworten.

Nach erfolgreicher Bearbeitung der einzelnen Arbeitsaufgaben konnte ein ‚Seminarschein' erworben werden.

6.3.5 Seminarevaluation

Die folgende Auswertung des Seminars basiert auf den Antworten der Seminarteilnehmer, die bei der Abschlussbewertung in Form einer Befragung in einem Forum der Lernplattform Open sTeam durchgeführt wurde. Bei dieser qualitativen Evaluation waren folgende Fragen[104] – aus Sicht des Tele-Tutors – von Interesse:

1. Wie hat sich Ihr Lernstil bzw. -rhythmus durch die e-Learning-Umgebung verändert?
2. In welchen Feldern/Bereichen der Sozialen Arbeit könnten Sie sich den Einsatz von e-Learning-Systemen vorstellen?
3. Was würden Sie sich im Bereich e-Learning für den Studiengang ISPA für zukünftige Seminare wünschen?

Sinngemäß zusammengefasst ergaben die Antworten der Studierenden die folgenden Empfehlungen bzw. Kritikpunkte:

Der Lernstil bzw. -rhythmus hat sich durch die Arbeit mit *Open sTeam* gar nicht bzw. kaum verändert, so der Tenor der Teilnehmerantworten. Wenn es einen Rhythmus gab, dann einen terminorientierten, der durch die Vorgabe von Abgabefristen für die Ausarbeitungen geprägt wurde.

Als weitere Gründe für einen gleichgebliebenen Lernstil wurden Probleme mit *Open sTeam*, mangelnde Computerkenntnisse und Zeitknappheit angeführt. Als Lernrhythmus störend wurde zudem die lange Zeitphase zwischen Kompaktseminar und Abschlusswertung des Seminars kritisiert.

Abschließend stellte eine Teilnehmerin sogar Überlegungen, wie sich eine Veränderung im Lernstil bzw. -rhythmus einstellen kann:

> „Ich könnte mir vorstellen, daß ein virtuelles Seminar über ein Semester wahrscheinlicher adaptiv wirkt." (A-S-01)

Als positiv begrüßte eine Teilnehmerin einerseits die gewonnene Flexibilität aufgrund der Ortsunabhängigkeit und andererseits die euphorische Wirkung, wenn sie als „Anfängerin in Sachen Computer" mit dem System zurecht kam:

> Ich fand ganz gut, daß ich meine Zeit frei einteilen konnte und unabhängig von den anderen Teilnehmern und der Uni als Gebäude arbeiten konnte. [...] Es hat aber auch Spaß gemacht, wenn mal etwas direkt geklappt hat. [...] (A-S-02)

Durchgängig positiv eingestellt sind die Teilnehmer gegenüber der Einsetzbarkeit von e-Learning-Systemen in Seminaren der Sozialen Arbeit. Ihrer Meinung nach hängt das Funktionieren eines solchen Systems stark von der Einführung bzw.

---

104 Die komplette Liste der Fragen findet sich im Anhang dieser Arbeit (A-S-00)

6.3 Seminar: Qualitätsinstrumente in Kindertagesstätten 57

Anleitung ab. Ist diese gegeben, steht dem erfolgreichen Einsatz nichts mehr im Weg:

> „[...] Die Idee ist eigentlich richtig gut, da man zeitlich unabhängig voneinander arbeiten kann und doch alle Materialien einzusehen sind. [...] (A-S-04)

> „[...] bietet gute Vor- und Nachbereitungschance." (A-S-05)

Den Blick in die Zukunft gerichtet, wird erneut eine ausführlichere Einarbeitung – wenn möglich auf Präsenzbasis – in die jeweilige Lernplattform gefordert. Besonderes Augenmerk sollte zudem auf der Zeitplanung liegen. Sie sollte so konzipiert sein, dass keine langen Zeiträume zwischen dem Seminar und der Abschlussevaluation entstehen.[105]

Als immanent wichtig wurde zudem die vorherige Information der Teilnehmer über den Einsatz eines e-Learning-Systems angesehen. Hier wurde z.b. der Vorschlag gemacht, virtuelle Seminare im Vorlesungsverzeichnis speziell zu kennzeichnen, „ [...] damit jeder weiß, worauf er sich einlässt " (A-S-06).

Abschließend wurde fernerhin um die Einhaltung der Termine[106] gebeten. Leider bleibt in diesem Zusammenhang offen, wie bei einer Nichteinhaltung vorgegangen werden soll.[107]

Allgemein lässt sich festhalten, dass die Teilnehmer trotz der mangelnden Einführung und der sich dadurch ergebenden Probleme bei der Bearbeitung der Aufgaben, den Blick motiviert in die Zukunft richten und weiteren Seminaren auf virtueller Basis nicht abgeneigt sind.

> „Insgesamt betrachtet aber ein sehr schönes / interessantes Seminar ! Und ich bin auch um einige Erfahrungen weiter in Sachen E-learning - fürs nächste Mal weiß ich eher wie's funktioniert!" (A-S-04)

---

105 Die Aussagen der Teilnehmer muss man unter dem Blickwinkel der angewandten Seminarform (Kompaktseminar) sehen. Die Form des begleitenden e-Learnings (blended learning) dürfte von der Konzeption her keine derartigen Zeitpausen zwischen den Seminaren zulassen.

106 Mit Terminen sind die vom Dozenten und Tele-Tutor gesetzten Abgabefristen für die Aufgaben gemeint, die von einigen Teilnehmern überschritten wurden.

107 Dies dürfte auch nicht ohne weiteres zu beantworten sein, da hier ein allgemeines Problem der Arbeit mit virtuellen Systemen liegt. Hier spielt z.B. die Frage, wie motiviertes Handeln – sei es nun intrinsischer oder extrinsischer Natur – im Kontext von e-Learning-Systemen initiiert werden kann, eine Rolle. Welche Methoden können also von Seiten des Dozenten/Tele-Tutors angewandt werden, damit gesetzte Fristen verbindlich eingehalten werden, ohne restriktive Maßnahmen einsetzen zu müssen?

6.3.6 Betrachtung des Seminars aus Sicht des Tele-Tutors

Aus der Sicht des Tele-Tutors lassen sich resümierend sowohl positive als auch negative Aspekte benennen, die einerseits zum Erfolg, anderseits zu Problemen beigetragen haben.

Wie schon in den Ergebnissen der Befragung angeklungen, scheint eine Einführung – im Sinne einer Präsenzveranstaltung – dringend erforderlich, um den Umgang mit *Open sTeam* zu beherrschen. Es ist nicht ausreichend, die Teilnehmer per Email und anhand einer Kurzbeschreibung der wichtigsten Funktionen zu instruieren. Da diese Vorgehensweise aus der Notwendigkeit heraus ausgewählt wurde, scheint dies die erste wichtige Erkenntnis zu sein.

Ein zweiter nicht zu unterschätzender Punkt ist die vorherige Information der Teilnehmer über das geplante Vorhaben, z.B. – wie bereits vorgeschlagen – mit einem entsprechenden Vermerk im Seminaraushang. Diese Vorgehensweise wird wahrscheinlich zu einer homogeneren Gruppe – die Vorkenntnisse in punkto *Neue Medien* betreffend – führen, andererseits könnte es natürlich auch dazu beitragen, dass Teilnehmer mit wenigen Kenntnissen gar nicht erst den Versuch unternehmen, diese zu erweitern, was angesichts folgender Aussage einer Teilnehmerin nicht ‚der Weisheit letzter Schluss' sein kann:

> „[...] Weil ich aber in Sachen Computer eine Anfängerin bin, war ich einfach nur froh, daß ich da irgendwie durchgekommen bin. Es hat aber auch Spaß gemacht, wenn mal etwas direkt geklappt hat. [...]" (A-S-02)

Eine vorherige Ankündigung ist demnach sinnvoll, verbunden mit dem Hinweis, dass Vorkenntnisse im Bereich des e-Learnings keine Voraussetzung für die Teilnahme sind. Dies geschieht vor dem Hintergrund, Interessierte, die bisher keine Erfahrungen mit netzbasierten Lernformen haben, mit einzubeziehen.

Ein Hauptproblem des Kurses lag in der gewählten didaktischen Struktur, die zudem noch vom Zeitdruck beeinflusst wurde. Die Entscheidung für die virtuelle Begleitung fiel erst sehr spät, was dazu führte, dass für die Teilnehmer nicht genügend Zeit für das Kennenlernen des Systems vorhanden war. Sie konnten also weder auf das Wissen einer einführenden Veranstaltung, noch auf die selbsterlernten Erfahrungen auf Grundlage der schriftlichen Anleitung zurückgreifen. Aus didaktischer Sicht wäre, im Sinne der *anchored instruction*, ein Einstieg in das Seminar mit einem Expertenchat sinnvoll gewesen. Dadurch hätte man über das Thema informieren können und gleichzeitig wäre für die Studierenden ein Anlass vorhanden gewesen, das System zu nutzen.

6.3 Seminar: Qualitätsinstrumente in Kindertagesstätten   59

Die Situation änderte sich durch die Entscheidung einer Fortführung des Seminars nach dem Kompakttag. Ab diesem Zeitpunkt wurden die Teilnehmer durch Aufgabenstellungen an die Benutzung der Lernplattform gewöhnt und hatten einen ‚Grund', in das System zu ‚gehen'. Dennoch kam es zu Fristüberschreitungen, über deren Gründe sich nur mutmaßen lässt. Einerseits waren die Teilnehmer auf ein Kompaktseminar eingestellt und haben nicht damit gerechnet, dass für einen Scheinerwerb weitere Arbeitsschritte nötig sind. Andererseits war von Seiten des Dozenten/Tele-Tutors[108] nicht mit Konsequenzen zu rechnen, wenn Fristen überschritten wurden. Lediglich eine Aufforderung per Email sorgte für eine Erinnerung.

Aus tutorieller Sicht ist die Konsequenz daraus, bei zukünftigen Seminaren strikte Fristen zu setzen, die bei Nichteinhaltung mit den entsprechenden – im Vorfeld festzulegenden – ‚Sanktionen' geahndet werden.

Festhalten lässt sich also, dass die Idee einer begleitenden und aufeinander aufbauenden Aufgabenfolge eine gute didaktische Methode für virtuelle Seminare darstellt, um Teilnehmer an das System zu binden.

> „Ich finde die Art wie der Dozent das Seminar gemacht hat gut. Immer wieder Aufgaben zu stellen, motiviert mich ins System zu gehen." (A-S-09)

Was nicht erreicht wurde, war die Initiierung von Lernprozessen zwischen den Teilnehmern. Der Grund dafür lässt sich im Nachhinein auf die inhaltliche Stellung der Arbeitsaufgaben zurückführen. Sie sahen in einem ersten Schritt das Einstellen der Arbeitsgruppenergebnisse vor, die zu diesem Zeitpunkt schon vorlagen und nicht mehr durch eine gemeinsame Arbeit erstellt werden mussten. Die darauffolgenden Aufgaben waren ebenfalls allein zu bewältigen. Hier sollte man zukünftig Aufgaben stellen, die ausschließlich durch Gruppenarbeit zu lösen sind.

Eine weitere wichtige Erkenntnis im Zusammenhang mit virtuellen Lernprozessen ist also die nötige Sorgfalt beim Entwurf von Aufgabenstellungen. Sie sollten stets so formuliert sein, dass eine Vernetzung bzw. ein Austausch mit anderen Teilnehmern bei der Lösung erforderlich ist.

Die abschließende Evaluation des Seminars wurde in einem Forum durchgeführt. Dieses Instrument hat den Vorteil, dass eine asynchrone Arbeit ermöglicht wird und gleichzeitig die Antworten anderer Teilnehmer sichtbar sind. Gleichzeitig führt dieses Vorgehen jedoch dazu, dass eine anonyme Bewertung des Seminars durch die Teilnehmer nicht möglich ist. Dies lässt sich umgehen, indem die Evaluation z.B. per Email durchgeführt wird. Hierbei würde die Identität nur dem Dozenten/Tele-Tutor offenbart.

---

108 Dozent und Tutor sind vom extrinsischen ‚Reiz' des Scheinerwerbs ausgegangen, weshalb kein Vorgehen bei Nichteinhaltung der gesetzten Fristen geplant wurde.

Aus diesem Seminar lassen sich also folgende Erkenntnisse für die Planung einer Lehrveranstaltung extrahieren:

- Notwendigkeit einer einführenden Präsenzveranstaltung
- Festlegung des Zeitpunkts, wann die Teilnehmer über den Einsatz einer Lernplattform informiert werden
- Bindung der Teilnehmer an das System durch kursbegleitende und aufeinander aufbauende Aufgaben
- Größtmögliche Sorgfalt bei der Formulierung von Aufgabenstellungen (Fokus sollte auf Austausch und Vernetzung mit anderen Teilnehmern liegen)
- Entscheidung über die Wahl der Instrumente (Foren, Email, etc.) zur Evaluation von Seminaren mit Hinblick auf die Wahrung der Anonymität

6.4 Seminar: Gender and Social Work (GASW)

6.4.1 Inhaltlicher Fokus

Die Grundlage dieses Seminars basierte auf internationalen Forschungsbefunden zum Thema „Gender and Social Work". Diese sollten von den Teilnehmern sowohl im historischen als auch im gegenwartsbezogenen Kontext zusammengetragen und bewertet werden. Da dieses Seminar durch die Beteiligung von zwei Gastdozentinnen aus Bulgarien und den Niederlanden international ausgelegt war, lag der Schwerpunkt – dem gemäß – auf der Geschichte der Wohlfahrtspflege und den Geschlechtsrollenprägungen dieser Länder.

6.4.2 Herangehensweise

Auch dieses Seminar war als Kompakttermin geplant. Es sollte eintägig ohne Vorbesprechung stattfinden.[109] Die Anmeldung erfolgte in den Sprechstunden der Dozentin bzw. via Email.

Die Absprache zwischen Dozentin und Tele-Tutor sah vor, das Seminar als Präsenzphase durchzuführen und die weiteren Arbeitsprozesse als e-Learningpro-

---

109 Der Grund für den eintägigen Termin war der Gastbesuch einer Dozentin aus den Niederlanden. Mit ihr und einer weiteren Dozentin aus Bulgarien konnte maximal ein Tag für die Bearbeitung des Themas angeboten werden.

6.4 Seminar: Gender and Social Work   61

zesse zu organisieren. Als Abschluss für das Seminar wurde das Semesterende anvisiert.

6.4.3 Planungen vor Seminarbeginn

Auch wenn es sich dieses Mal wieder um die Form eines Kompaktseminars handelte, unterschied sich die Planung gegenüber dem „Qualki-Seminar" in wesentlichen Punkten. So wurde z.B. von vornherein eine Präsenzeinführung in das *Open sTeam*-System festgelegt. Diese Einführung sollte in den Kompakttag integriert werden. Des Weiteren sollten die Studierenden bereits vorab Informationen zum Thema auf der Lernplattform abrufen können (s. Abb. 8). Durch dieses Vorgehen wurde versucht, bei den Teilnehmern Interesse für das Thema zu wecken.

	Inhalt	Eigenschaften	Aktionen	Kommentare	Rechte			
		Name		Größe	Bearbeitet am · von		Details	
□		**Abkommen der Länder** *Sozialpolitik*		1 MB	22.01.2004, 22:52 · skyman			
□		**Daten zur Geschichte Bulgarien-s.pdf**		35 KB	26.11.2003, 19:39 · tutor			
□		**Frauen in Führungspositionen.p-df**		36 KB	26.11.2003, 19:39 · tutor			
□		**Geschichte der Fürsorge.pdf**		36 KB	26.11.2003, 19:39 · tutor			
□		**Online.bg** *Internetzeitung*			20.09.2005, 20:08 · skyman			
□	Alle Objekte							

Abbildung 8: Informationsordner Bulgarien

Die angestellten didaktischen Überlegungen für die Fortführung des Seminars nach dem Kompakttermin gestalteten sich folgendermaßen:

Da die Weiterführung des Seminars auf virtueller Basis stattfinden sollte, mussten die Aufgabenstellungen so konzipiert sein, dass sie den virtuellen Anforderungen und Arbeitsbedingungen entsprachen.[110] Deshalb mussten die gestellten Aufgaben einerseits einen Bezug zum Seminarinhalt darstellen, andererseits aber zu einem,

---

110 Bei der Bearbeitung der Aufgaben können z.B. andere Instrumente (Suchmaschine, Foren) benutzt werden, als in Aufgabenstellungen der Präsenzlehre.

unabhängig von Raum und Zeit stattfindenden Lernprozess beitragen bzw. animieren. Schließlich kristallisierten sich zwei Themen heraus, die mit Bezug zum Seminar, die Teilnehmer herausfordern sollten, die drei Länder (Deutschland, Bulgarien und die Niederlande) in ihrer Struktur (Geschichte, Wohlfahrtssystem) zu vergleichen und näher kennen zu lernen. Die Überlegungen mündeten schließlich in die folgenden fiktiven Themenstellungen:

1. „Im Jahr 2005 soll ein großer internationaler Kongress für Soziale Arbeit stattfinden. Alle drei Länder (s.o.) bewerben sich bei einer Olympiade darum, diesen Kongress auszurichten. Ihre Aufgabe als Arbeitsgruppe besteht darin, eine Präsentation zu entwerfen, die für jedes Land begründen soll, warum gerade dort der Kongress ausgetragen werden soll."

2. „Erstellen Sie einen Studienführer, in dem die Vorteile aller drei Länder aufgezeigt werden. Ziel ist es, auswärtige Studierende bei der Entscheidung zu unterstützen, ein Studium der Sozialarbeit/-pädagogik zu beginnen."

Die Aufgaben sollten die Teilnehmer befähigen bzw. dazu anregen, Informationen zum jeweiligen Thema über das Internet zu suchen, da die gesuchten Informationen nur schwerlich in Büchern zu finden sind. Für Problemfälle bei der Recherche konnten jederzeit die Dozentinnen als ‚Expertinnen' per Email um Rat gefragt werden.

In einem weiteren Schritt sollten sich die Studierenden über eine geeignete Aufbereitung der Materialien Gedanken machen. Hierfür wurden keine Regeln vorgegeben, die Teilnehmer konnten also selbst entscheiden, wie das letztendliche ‚Produkt' aussehen sollte.

Als Abschluss der Onlinearbeitsphase wurde ein Präsenztreffen eingeplant, um die Ergebnisse der einzelnen Arbeitsgruppen präsentieren zu können.

Nachdem die inhaltliche Vorplanung abgeschlossen war, mussten die Teilnehmer vorab per Email über die Vorgehensweise informiert werden. Hierfür wurde wieder die Form der Emailkorrespondenz gewählt. Sofort nach der Anmeldung zum Seminar wurden die Emailadressen von der Dozentin an den Tele-Tutor weitergeleitet, der die Teilnehmer mit einer ‚Willkommensmail' begrüßte (s. A-H-04). In diesem Schreiben wurden die Studierenden dazu aufgefordert, sich im Vorfeld – anhand der kurzen beigefügten Beschreibung – im System anzumelden. Mit dem Hinweis auf die stattfindende Präsenzeinführung sollten sie Probleme bei der Anmeldung oder im System dokumentieren und mit in die Veranstaltung bringen.

6.4 Seminar: Gender and Social Work   63

Darüber hinaus wurde ebenfalls auf die bereitgestellten Materialien zum Seminar eingegangen, die sich im Arbeitsbereich der Plattform befanden (s. Abb. 9).

Die Betonung, dass die virtuelle Weiterführung des Seminars einen besonderen Service und die Möglichkeit zur Pionierarbeit auf diesem Gebiet darstellt, kennzeichnete den Grundtenor der „Willkommensmail" und sollte motivierend wirken.

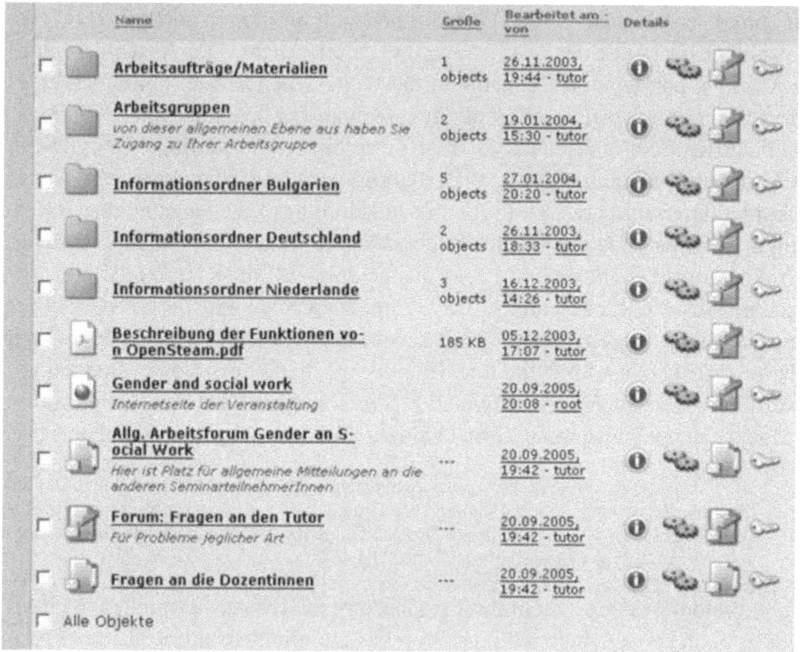

Abbildung 9: Seminarebene des Seminars mit Informationsordnern

6.4.4 Verlauf während und nach dem Kompaktseminar

Die Planungen für den Seminartag sahen vor, die Einführung in das *Open sTeam*-System durch den Tele-Tutor erst im Anschluss an die inhaltliche Arbeit stattfinden zu lassen.

Während der Einführung konnten bereits Fragen technischer Art geklärt werden. Zudem bestand für die Studierenden, die sich bis zu diesem Zeitpunkt noch nicht angemeldet hatten, die Möglichkeit, dies mit Hilfestellung des Tele-Tutors nachzuholen.

Anschließend wurde über die Möglichkeit der Weiterführung des Seminars gesprochen. Hierzu informierte die Dozentin die Studierenden über die bereits entwickelten Aufgabenstellungen (s.o.). Schließlich entschieden sich 6 von 24 Teilnehmern für die Weiterführung des Seminars unter den genannten Bedingungen.

Direkt nach Beendigung der Veranstaltung gab es ein erstes Koordinationstreffen mit den verbliebenen Teilnehmern. Sie nutzten die Möglichkeit, die Aufgabenstellungen zusammen mit den Dozentinnen zu hinterfragen und holten sich erste Ratschläge bezüglich der Bearbeitung und Quellensuche. Den Abschluss bildete die Auswahl der Arbeitsaufgaben. Für die Weiterarbeit wurde schließlich in jeder Gruppe ein ‚Gruppensprecher' als Ansprechpartner benannt.

Im nächsten Schritt versandt der Tele-Tutor eine ‚Statusabfrage' (s. A-H-05) an die Gruppenmitglieder, mit der Aufforderung, die bisherigen Arbeitsergebnisse zu dokumentieren und etwaige Probleme zu schildern. Das Angebot einer zweistündigen Sprechstunde pro Woche, in der der Tele-Tutor für Probleme jeglicher Art erreichbar war, stellte eine weitere Entscheidung dar, die Kommunikation ‚anzukurbeln'. Aus den Rückmeldungen der Gruppensprecher ging hervor, dass in der „Kongressgruppe" bereits einige Recherchen stattgefunden hatten, jedoch auch Probleme aufgetaucht waren, die mit Hilfe der wöchentlichen Sprechstunden gelöst werden sollten. Bezüglich der *Open sTeam*-Umgebung wurden keine Probleme geäußert, dennoch war eine Zurückhaltung mit dem Umgang erkennbar:

> „[...] Also liegt das Problem weniger an dem OpenSteam, sondern mehr inhaltlich. [...] Ich habe überlegt, erstes Material (wenig spezifisch zwar) in den Steam-Raum zu stellen - einfach als Eisbrecher. Zum Beispiel: Deutsch-Bulgarisches Abkommen zur Zusammenarbeit. Macht das Ihrer Erfahrung nach Sinn?" (A-H-06)

Die Rückmeldung der „Studienführergruppe" ergab, dass aus terminlichen Gründen bisher noch keine Arbeiten für das Projekt stattgefunden hatten, mit einer Aufnahme allerdings nach Beginn der Semesterferien zu rechnen sei. Nach zwei weiteren Wochen, in denen keine Arbeitsergebnisse auf der Plattform zu erkennen waren, gaben drei Teilnehmer ihren Ausstieg aus dem Projekt bekannt. Zusammengefasst gestaltete sich die weitere Arbeitsphase aus Sicht der Lehrenden und des Tele-Tutors weitestgehend ereignislos. Der Tele-Tutor wurde lediglich bei kleineren technischen Problemen kontaktiert, wohingegen die Unterstützung durch die Dozentinnen nicht in Anspruch genommen wurde.

Da auf der Seminarebene von *Open sTeam* keine Veränderungen beobachtet werden konnten, reifte der Entschluss, das Seminar zu beenden. In der abschließenden Email des Tele-Tutors an die Gruppenmitglieder (s. A-H-07) wurde dann schließlich das Ende des Seminars verbunden mit einer anschließenden Evaluation

6.4 Seminar: Gender and Social Work 65

angekündigt. Aufgrund des schleppenden Verlaufs der Arbeitsphase war die Formulierung der Email eine nicht zu unterschätzende Angelegenheit:

> „Da das Seminar als ein Versuch geplant war, müssen Sie auf keinen Fall ein schlechtes Gewissen haben. Weder Sie noch wir sind Profis im Umgang mit Lernprozessen im virtuellen Raum, weshalb solche Versuche um so wichtiger sind, Erfahrungen und Einsichten zu gewinnen. [...]Abschließend möchten wir uns herzlich für Ihre Bereitschaft bedanken, an den ersten Gehversuchen im virtuellen Raum teilzunehmen. Lassen Sie sich nicht von dem – vielleicht – etwas demotivierenden Ausgang des Seminars beeindrucken, sondern sehen Sie es als Herausforderung an sich selbst, zukünftig kritischer und natürlich schon mit einer Vorerfahrung an weiteren virtuellen Seminaren teilzunehmen." (A-H-07)

Die Reaktion auf diese Email ergab, dass die Arbeit in der „Kongressgruppe" aus terminlichen Gründen eingestellt wurde, wohingegen die „Studienführergruppe" eine Fertigstellung der Unterlagen meldete, gleichzeitig jedoch eine leichte Resignation bezüglich des Arbeitsprozesses bzw. -ergebnisses zeigte:

> „Inhaltlich hätte ich es gerne so gehabt, dass man die Städte anklicken kann, und dann die jeweilige Uni erscheint (man hat mir gesagt, das müsse verlinkt werden). Da muss ich aber leider passen. Vielleicht wissen Sie wie´s geht? Dann würde ich es auch noch machen, falls das überhaupt noch von Relevanz ist." (A-H-08)

Den Abschluss der Projektarbeitsphase bildete die Bewertung des eingereichten Studienführers durch die Dozentin in Absprache mit dem Tele-Tutor. Von der eingangs geplanten Präsentation der Arbeitsergebnisse im Plenum, wurde aufgrund des Seminarverlaufs Abstand genommen.

6.4.5 Sminarevaluation

Bei der folgenden Auswertung des „GASW-Seminars" wurde die Befragung der Teilnehmer per Email durchgeführt. Wiederum wird die Auswertung unter qualitativen Gesichtspunkten vorgenommen. Interessant für den Schwerpunkt der Arbeit ist die Auswertung der Antworten auf folgende Fragen:

1. Wie verlief die Arbeit in Ihrer Gruppe (Gruppenfindung, Aufgabenverteilung, etc.)?
2. Wie verlief der Gruppen- bzw. Arbeitsprozess?
3. Welche Problemfelder ergaben sich bei der Bearbeitung des Themas?
4. Wie kamen Sie mit dem Zeitmanagement zurecht, d.h. was für Vor- bzw. Nachteile bringt die Freiheit, sich die Zeit selbst einteilen zu können?
5. Welche Tipps und Anregungen haben Sie für zukünftige Seminare?

6. In welchen Bereichen der Sozialen Arbeit können Sie sich e-Learning-Seminare vorstellen bzw. in welchen nicht?

Wie zuvor geschildert, war der Arbeitsprozess in den Gruppen von Unterbrechungen gekennzeichnet. Die Gründe und eventuellen Lösungsansätze, die wiederum in die Konzeption einer Lehrveranstaltung einfließen, sollen in der folgenden Auswertung zusammengefasst dargestellt werden.

Der Startpunkt des Seminars lässt sich aus Teilnehmersicht eindeutig als positiv beschreiben. Da es sich bei den Gruppenmitgliedern ausschließlich um Studierende in einem Aufbaustudiengang handelte, der größtenteils berufsbegleitend studiert wird, kam die kompakte Seminarform mit anschließender Möglichkeit des Scheinerwerbs, durch die Mitarbeit auf virtueller Basis, den Teilnehmern sehr entgegen:

> „Als berufsbegleitend studierende und Neuling in Siegen war der Aufbau für mich eigentlich ideal.[...]" (A-H-03)

> „Wichtig war natürlich für mich das Angebot als Kompaktseminar, interessant fand ich die Kombination mit den Gastprofessorinnen, und ich habe mir vorgestellt, dass es ein virtuelles Seminar geben wird.[...]" (A-H-02)

Bezogen auf den Gruppen- bzw. Arbeitsprozess entwickelte sich die Zusammenarbeit in der „Studienführergruppe" direkt im Anschluss an die Präsenzveranstaltung. Sie teilten die Aufgabengebiete nach persönlichen Präferenzen ein und nahmen nach einer ersten Recherche die Feinplanung vor. Der Austausch zum Stand der Recherchen wurde in regelmäßigen Abständen durch das Telefon bzw. per Email vorgenommen. Dennoch wurden nicht alle Arbeitsschritte zwischen den Gruppenmitgliedern kommuniziert:

> „Der Gruppen- und Arbeitsprozess verlief bis jetzt sehr gut, wobei wir uns die Freiheit eines persönlichen Layouts gelassen haben, so sind auch wir untereinander gespannt, was jeweils die Andere auf die Beine gestellt hat." (A-H-02)

Die Kongressgruppe hingegen hatte von Anfang an Probleme mit der Gruppenfindung. Nach beschlossener Einteilung der Aufgaben sollte die Kommunikation per Email stattfinden, was der Gruppe nur unzureichend (oder nicht) gelang:

> „Nach ausbleibender Resonanz per Email und im Internet im Januar schwante mir nichts Gutes." (A-H-03)

6.4 Seminar: Gender and Social Work 67

Die Skizzierung der Problemfelder gibt Auskunft darüber, weshalb der Arbeitsprozess bei der einen Gruppe schleppend verlief und bei der anderen ganz zum Erliegen kam. Demnach gab es schon bei der Aufgabenstellung Probleme. Für die Teilnehmer war nicht erkennbar, welchen Sinn die Erstellung eines Studienführers hatte.[111] Daraus ergaben sich Verzögerungen und frustrierende Situationen, die beinahe den Abbruch des Projektes zur Folge gehabt hätten:

> „Zunächst war uns die Aufgabenstellung und Sinnhaftigkeit nicht ganz klar, warum einen Studienführer erstellen (?). Bis sich ein ungefähres Bild, was sich die Professorinnen wohl dabei gedacht haben könnten, abzeichnete, ging einige Zeit ins Land, und ich war nicht nur einmal versucht, alles hinzuschmeißen." (A-H-02)

Bemerkenswert scheint in diesem Zusammenhang, dass die Teilnehmer bei der Frage nach dem Sinn der Aufgabenstellung nicht mit den Dozenten in Kontakt getreten sind, sondern frustrierende Momente in Kauf genommen haben, bis sie eine eigene Strategie entwickelt hatten. Zu fragen wäre, ob eine unzureichende tutorielle Betreuung oder eine ungenaue Seminarvorbereitung zu diesem Verhalten geführt haben?

Ein weiteres Problem stellte die Recherche nach brauchbaren Quellen dar. Die sprachlichen Hürden konnten teilweise durch den Einsatz eines Wörterbuchs überwunden werden (s. A-H-01), wohingegen Probleme auf der technischen Ebene meistens nicht bezwingbar waren:

> „[...] Wir handelten uns Viren ein, alles stürzte mehrmals ab, und wofür das alles? Schlechte Homepages (wenn sie sich überhaupt öffnen ließen),[...]" (A-H-02)

Befragt in punkto Zeitmanagement zeigte sich eine ambivalente Sicht bei den Studierenden. Einerseits erlaubte die freie Zeiteinteilung, zuerst andere Aufgaben zu erledigen, um sich danach intensiv mit dem Thema auseinanderzusetzen bzw. Berufstätigkeit und Studium miteinander zu vereinbaren. Andererseits bestand die Gefahr, das Thema zu unterschätzen und dadurch in Zeitdruck zu geraten oder zu viele Informationen zum Thema zu sammeln, ohne die nötige Strukturierung vorzunehmen. Die Vereinbarkeit von Beruf und Studium wirkte sich nicht nur positiv auf die Projektarbeit aus. Eine Teilnehmerin wies darauf hin, dass ohne die nötige Selbstdisziplin eine zu hohe Belastung am Arbeitsplatz verbunden mit einem gleichzeitigen ‚Motivationstief' in der Projektgruppe schlimmstenfalls zum Abbruch des Projekts führt.

---

111 Um dieses Problem in Zukunft zu vermeiden, bietet sich die Methode der *anchored instruction* an, um die Aufgabenstellung so vorzustellen, dass sie in einem authentischen Rahmen eingebettet ist und einen Bezug zu den Studierenden aufweist.

68   6 Tutorielle Begleitung von Studierenden bei Lernprozessen in virtuellen Seminaren

Aus Sicht der Teilnehmer wurden für zukünftige Seminare mit virtueller Begleitung resümierend zentrale Hinweise gegeben. Aus diesen lässt sich im Um-
kehrschluss ablesen, welche Faktoren zum suboptimalen Seminarverlauf geführt
haben:

Demnach sollten virtuelle Seminare über eine – im Vorhinein festgelegte – Struktur verfügen, die durch den Lehrenden in der Präsenzveranstaltung vorgestellt wird.
Zudem ist die Vorstellung der Projektaufgaben so vorzunehmen, dass für die Studierenden

1. ein Bezug zum Präsenzseminar erkennbar,
2. die Aufgabenstellung verständlich,
3. ein authentischer Bezug gewährleistet und
4. der Mehrwert gegenüber einem Präsenzseminar erkennbar ist.[112]

Die Entscheidung, virtuelle Seminare durchzuführen sollte von der Zahl der Teilnehmer abhängig gemacht werden. Bei zu geringer Teilnahme scheint der Einsatz
von Lernplattformen fehl am Platz:

> „Für kleinere Gruppen ist es weniger günstig, da man sich schneller privat per Treffen,
> Telefon und durch private e-mail austauschen kann." (A-H-01)

Die Teilnahme an virtuellen Seminaren sollte generell verpflichtend geregelt sein
und nicht den Teilnehmern freigestellt werden. Nur so kann eine Verbindlichkeit
zwischen Lehrenden und Studierenden hergestellt werden. Die konkreten Vorschläge
basierten auf Erfahrungen, bereits besuchter Seminare und zeigen in ihrer Konsequenz Parallelen zum schulischen Kontext:

> „Bei einem anderen virtuellen Seminar war meine Erfahrung anders. Eine Mitarbeit und
> Teilnahme am Seminar wurde von dem Professor erwartet und konnte auch nachgeprüft
> werden. Wenn jemand über einen längeren Zeitraum nicht mitgearbeitet hat, wurde er aus-
> geladen." (A-H-02)

Die Rolle des Dozenten im Arbeitsprozess wurde ebenfalls definiert. Demnach
sollte er mehr Forderungen an die Studierenden stellen, sie z.B. mit fortlaufenden
Aufgaben zur kontinuierlichen Mitarbeit bringen. Aber auch selbst sollte der Dozent die Verantwortung nicht mit dem Einstig in die virtuelle Arbeitsphase an den
Tele-Tutor abgeben, sondern aktiv am Arbeitsprozess partizipieren. Konkret wur-

---

112   Mit diesem Punkt ist die Rolle des Tele-Tutors angesprochen, der bei einer Einführung deutlich
machen sollte, welche Ziele und Möglichkeiten vernetztes Arbeiten bietet und wie es sich im
Gegensatz zu den bisherigen Arbeitsmethoden unterscheidet. Welchen Sinn hat es z.B. für den
einzelnen Teilnehmer, die recherchierten Materialien auf die Lernplattform zu stellen?

6.4 Seminar: Gender and Social Work   69

de hierbei die Unterstützung bei der Suche nach passenden Quellen bzw. Antworten auf Emails angesprochen.

Aus Sicht der Teilnehmer war die Präsenzeinführung in das *Open sTeam* System zu kurz. Hier kam der Wunsch nach einem längeren Einführungsseminar, statt einer zweistündigen Präsentation am Ende der Veranstaltung, wenn die nötige Konzentration nicht mehr gegeben ist. Darüber hinaus liegt es im Aufgabenbereich des Tele-Tutors, die Teilnehmer besser über die ‚Rechtevergabe' bzw. den Datenschutz im virtuellen Raum zu informieren. Nur so können Unsicherheiten ausgeräumt werden.

> „[...]Hemmungen Zwischenergebnisse der „Allgemeinheit" und im Internet zu veröffentlichen. Fehlende (oder schlechte) Erfahrung mit Internet (Chat etc.).[...] (A-H-03)

Die Einsatzmöglichkeiten für e-Learning im Bereich der Sozialen Arbeit werden als durchweg positiv eingeschätzt. Explizit vorstellbar wäre der Einsatz demnach bei Seminaren, in denen Sachinhalte gekoppelt mit visualisierten Informationen vermittelt werden. Bedenken bestehen indes bei Veranstaltungen, die persönlichen Austausch erfordern, wie z.b. Beratungsseminare.

6.4.6 Betrachtung des Seminars aus Sicht des TeleTutors

> „Vorab: lassen Sie es sich damit bitte nicht verleiden, da es meiner persönlichen Erfahrung nach mit neuen Medien immer etwas dauert. Ein schlechtes Gewissen habe ich nicht, bin aber enttäuscht über die Resonanz gegen Null." (A-H-03)

Das obige Zitat einer Teilnehmerin fasst einerseits den Verlauf des Arbeitsprozesses, andererseits den Umgang mit dieser Erfahrung prägnant zusammen. Natürlich hatten sich alle Beteiligten im Vorfeld einen besseren Verlauf erdacht, dennoch wurde schon in der Begrüßungsmail an die Studierenden auf den explorativen Charakter dieses Seminars hingewiesen.

Nach der Devise ‚learning by doing' sind Erfahrungen dieser Art unabdingbar für einen sich entwickelnden Arbeitsprozess. Aus Sicht des Tele-Tutors sind die Erkenntnisse aus diesem Seminar überaus wertvoll, um zukünftige Fehlplanungen zu vermeiden.

Wie schon in der Evaluation angeklungen, scheint die Notwendigkeit einer Präsenzeinführung in das *Open sTeam*-System gegeben. Dennoch ist festzustellen, dass der Zeitpunkt für die Einführung gut gewählt sein will. Anscheinend ergibt es wenig Sinn, die Präsentation am Tag der Veranstaltung durchzuführen. Die weiter oben festgestellte Notwendigkeit einer Präsenzeinführung kann nun präzisiert werden, indem der Zeitpunkt definitiv vor dem Seminartermin liegen sollte. Die zusätzliche Vorstellung des Systems vorab per Email ist aus konstruktivistischer Perspektive zudem empfehlenswert, weil die Teilnehmer in der Einführung bereits eine grobe Vorstellung vom System mitbringen und eine aktive Auseinandersetzung stattgefunden hat.

Auch in Bezug auf die Formulierung von Aufgabenstellungen kann nach den Erfahrungen aus diesem Seminar eine Präzisierung vorgenommen werden. Einerseits sollte die Aufgabe so ausgelegt sein, dass sie je nach Gruppengröße variierbar ist,[113] andererseits sollte der enthaltende Arbeitsauftrag eindeutig sein. Hier gilt es, die verfolgten Ziele zusammen mit den Teilnehmern während der Präsenzsitzung zu erörtern.

Ein weiterer Punkt ist die von den Teilnehmern angesprochene Verbindlichkeit der Teilnahme. Hierfür gibt es z.b. die Methode des Lernvertrags zwischen Dozent und Studierenden, der eine verbindliche Teilnahme bewirken soll.[114] Für die Vorabplanung zwischen Dozent und Tele-Tutor lassen sich mehrere Punkte anführen, die bedacht werden sollten:

- Festlegung, ab welcher Gruppengröße der Einsatz einer virtuellen Unterstützung sinnvoll erscheint
- Erstellung einer Zielperspektive für das Projekt[115]
- Information über erwünschte Quellen[116]
- Klärung der Zuständigkeiten[117]
- Bereitstellung von Hilfsstrukturen/Notfallszenarien[118]

Während der Seminarphase sollte eine stärkere Einbindung des Dozenten stattfinden. Der Dozent kann z.b. im Wechsel mit dem Tele-Tutor aktivierende Übungen

---

113 Ggf. ist eine Beschränkung auf einzelne Aspekte notwendig.
114 Eine verpflichtende Mitarbeit trägt z.b. zu einer stärkeren Identifizierung mit dem Projekt bei.
115 Eine wahllose Bearbeitung des Themas durch die Studierenden ist nicht sinnvoll, Lehrende und Tele-Tutor sollten eine unterstützende Struktur vorgeben, damit jederzeit die Zielperspektive erkennbar ist.
116 Um einer ‚Ausuferung' der Informationssammlung entgegen zu wirken, sollten die Studierenden einen Leitfaden für die Suche nach Informationen erhalten. Dies kann z.b. im Hinblick auf fremdsprachige Internetseiten unterstützend wirken.
117 Ist der Tele-Tutor z.b. nur für die administrative Unterstützung zuständig oder soll er die Studierenden auch fachlich beraten?
118 Hier sind unterstützende Maßnahmen, wie z.b. virtuelle Sprechstunden, Emailsupport oder die Einbindung einer FAQ-Funktion (s.o.) gemeint.

6.4 Seminar: Gender and Social Work 71

mit den Studierenden auf der Lernplattform durchführen oder eigenständig Foren einrichten, Dokumente hochladen usw. Die Übertragung administrativer Aufgaben an den Lehrenden scheint zwei Vorteile mit sich zu bringen. Erstens ist der Dozent stets in die Kommunikation mit den Studierenden involviert und erkennt sofort, wo Probleme auftreten und auf welchem Leistungsniveau sich die Gruppe befindet. Zweitens hat diese Einbindung den Vorteil, dass der Lehrende administrative Kompetenzen erwirbt, die ihn dazu befähigen, dass System für spätere Seminare eigenverantwortlich einzusetzen.

Was die Rolle des Tele-Tutors in diesem Seminar anbelangt, so wurde deutlich, dass die bloße ‚Anwesenheit' eines Tele-Tutors für Fragen technischer Art nicht ausreicht, um Arbeitsprozesse zu initialisieren.[119] Vielmehr muss die Rolle des Tele-Tutors um weitere Aufgabenbereiche erweitert werden. Er muss als Experte in mehreren Bereichen kompetent sein[120] und dies auch den Studierenden bewusst machen.

Aus methodischer Sicht ist die Wahl eines Gruppensprechers sicherlich ein sinnvolles Mittel, um die Kommunikation mit mehreren Gruppen zu optimieren.[121] Dennoch birgt diese Methode die Gefahr, dass der Gruppensprecher zu viele Aufgaben übernimmt, da er sich in besonderem Maße verantwortlich fühlt.[122]

Abschließend sei noch erwähnt, dass die Idee eines internationalen Seminars[123] durch den Einsatz von e-Learning erst ermöglicht wurde. Es besteht jedoch die Notwendigkeit, die Betreuung nach der Abreise der Gastdozentinnen zu gewährleisten, auch wenn sie nicht mehr direkt in den Seminarverlauf involviert sind:

> „Eine Anfrage an die Professorin blieb ohne Resonanz." (A-H-03)

Auch wenn der Tenor der Rückmeldungen für dieses Seminar eher kritisch war, gab es auch positive Ergebnisse zu verzeichnen:

> „Aber es hatte auch viele positive Aspekte, nämlich, Arbeiten am und mit dem Computer zu lernen, Dinge, die ich vor ein paar Monaten noch nicht konnte." (A-H-02)

---

119 Die Beschränkung der Tele-Tutorenrolle auf die technische Unterstützung greift zu kurz (vgl. Mindmap, S. 26)
120 Konkret wären hier z.B. moderierende, pädagogische und didaktische Kompetenzen zu nennen.
121 Auch hier sollten vorher Überlegungen angestellt werden, ab welcher Gruppengröße der Einsatz dieser Methode sinnvoll ist.
122 Hier könnte der Tele-Tutor durch eine regelmäßige Kommunikation mit den Gruppensprechern z.B. frühzeitig eine Überlastung diagnostizieren und ein rotierendes System vorschlagen.
123 Gemeint ist die Mitarbeit der beiden Professorinnen aus Bulgarien und den Niederlanden.

Aus diesem Seminar lassen sich also folgende Erkenntnisse für die Planung einer Lehrveranstaltung extrahieren:

- Einführung in das Learning Management System als Einzeltermin mit zusätzlicher Einführung per Email
- Aufgabenformulierung (eindeutig, variierbar in Bezug auf Gruppengröße)
- Verbindlichkeit der Teilnahme klarstellen
- Festlegung, ab welcher Gruppengröße der Einsatz einer virtuellen Unterstützung sinnvoll erscheint
- Erstellung einer Zielperspektive für das Seminar
- Festlegung, welche Quellen zur Recherche genutzt werden sollen
- Klärung der Zuständigkeiten (Lehrender/Tele-Tutor)
- Entwurf von Hilfsstrukturen/Notfallszenarien
- Einbindung der Lehrenden auf administrativer Ebene
- Beachtung der Vielschichtigkeit der Tele-Tutorenrolle und Verdeutlichung gegenüber den Teilnehmern
- Planung des Methodeneinsatzes auch im Hinblick auf die Teilnehmerzahl

6.5 Fazit aus tutorieller Sicht

Abschließend zur bisherigen Auswertung der betreuten Seminare sollen nun darüber hinaus gehende Erfahrungen und Schlussfolgerungen aus der Sicht des Tele-Tutors dargestellt werden.

Die begleiteten Seminare fanden im virtuellen Raum statt. Aufgrund der Definition virtueller Seminare wurde eine sogenannte „Kick-off-Veranstaltung" mit einer anschließenden Arbeitsphase auf virtueller Basis durchgeführt. Nach Auswertung der Seminare ist anzumerken, dass diese Veranstaltungsform eher ungünstig für den Einstieg in eine virtuelle Begleitung ist. Aus tutorieller Sicht ist die Form des ‚blended learning', also der Wechsel zwischen Präsenzveranstaltung und virtueller Arbeitsphase, besser geeignet, um eine schrittweise Gewöhnung an die neue Arbeitsform zu ermöglichen. Ist diese Gewöhnung erfolgreich fortgeschritten, kann in einem nächsten Schritt der Übergang zu einer rein virtuellen Veranstaltung erfolgen.

6.5 Fazit aus tutorieller Sicht

Kompaktseminare eignen sich (nach den vorliegenden Erfahrungen) nicht für den Einsatz von e-Learning, weil sie vermehrt gegen Ende eines Semesters stattfinden, die Studierenden ihre ‚Scheinerwerbe' bereits festgelegt haben und folglich für eine zusätzliche Arbeit keine Ressourcen zur Verfügung stehen.

Aus methodischer Sicht ist festzustellen, dass nicht alle Methoden aus der Präsenzlehre auf die Arbeit im virtuellen Raum übertragbar sind. Exemplarisch ist zum Beispiel die Interpretation von Thesen in einem Forum zu nennen. Diese Methode bewirkt in der Präsenzlehre die Auseinandersetzung zwischen den Teilnehmern, wohingegen im virtuellen Raum lediglich die Meinungen der einzelnen Teilnehmer nebeneinander stehen, ohne die gewünschte Auseinandersetzung zu fördern. Wichtig ist also die sorgfältige Auswahl der Methode und gegebenenfalls die Modifikation auf die jeweiligen Erfordernisse.

Positive Erfahrungen wurden hingegen mit der eingesetzten Methode der ‚Statusberichte' gemacht. Dies scheint ein sinnvolles Vorgehen für die Arbeit im virtuellen Raum zu sein. Um den Tele-Tutor stärker zu integrieren wäre eine Erweiterung der Methode sinnvoll. Demnach wären auch vom Tele-Tutor Statusberichte, z.B. die Zusammenfassung von Gruppenarbeitsergebnissen, zu verfassen.

Im Bezug auf die Vorerfahrungen der Studierenden im Umgang mit dem Computer zeigt sich ein deutliches Kompetenzdefizit. Viele Studierende bringen wenig Vorerfahrungen mit und scheitern deshalb z. T. schon bei der Anmeldung für ein virtuelles Lernsystem.[124]

Hier liegt ein wesentlicher Aufgabenbereich des Tele-Tutors. Er sollte die Learning Management Software perfekt beherrschen. Es reicht nicht aus, die wesentlichen Elemente zu kennen, die für den Seminarbetrieb gebraucht werden. Erforderlich ist ein umfassender Überblick, der den Tele-Tutor dazu befähigt, bereits aus dem Arbeitsverhalten der Studierenden, fehlerhaften Umgang mit dem System zu lokalisieren und Hilfestellung zu geben. Bei der Betreuung weiterer Seminare hat sich gezeigt, dass ein begleitendes Präsenztutorium durch den Tele-Tutor gut von Seiten der Studierenden angenommen wurde. Hier konnten stets Fragen technischer aber auch fachlicher Art geklärt werden, die sich aus der Situation heraus ergaben.

---

124 Dies entspricht den Ergebnissen des Kurzberichtes der Hochschul-Informations-System GmbH Hannover (HIS), zum Thema, „E-Learning aus Sicht der Studierenden". Demnach beherrschen fast alle Studierenden den Umgang mit Emails und Internet. Es gibt jedoch fächergruppenspezifische Unterschiede in Bezug auf andere Computeranwendungen. Bei Multimediananwendungen (wie z.B. Open sTeam) schätzen nur 16% der Studierenden des Sozialwesens ihre Kenntnisse als sehr gut ein. Darüber hinaus stufen Frauen ihre Kenntnisse gegenüber den Männern als geringer ein. (vgl. ebd. S. 28f.)

Die gemachten Erfahrungen zeigen deutlich, dass der Entschluss zum Einsatz von e-Learning in der Lehre nicht automatisch zu einem Wechsel der bestehenden Kommunikationsstrukturen führt. Die Kontaktaufnahme mit dem Tele-Tutor (Email, Forum, etc.) gestaltet sich sehr zögerlich. Hier kann konstatiert werden, dass die Studierenden bei der Inanspruchnahme von Hilfsangeboten immer noch in Richtung Präsenzsprechstunde tendieren. Diese Erfahrung traf auch auf das „Qualki-Seminar" zu. Die angebotene Präsenzsprechstunde des Tele-Tutors wurde von den Teilnehmern bevorzugt. Hier ist sicherlich Geduld gefragt, bis die virtuellen Arbeitsmethoden zum ganz normalen ‚Handwerkszeug' der Studierenden gehören.

7 e-Learning ‚up to date' – Ergebnisse einer Emailbefragung

Auf Grundlage der theoretischen Basis dieses Buches wurde eine Emailbefragung durchgeführt. Ergänzend zu den bisher dargestellten Erfahrungen und Erkenntnissen aus tutorieller Sicht, sollen die Ergebnisse der Umfrage Auskunft über den aktuellen Stand im e-Learning-Sektor geben. Für die Umfrage wurde ein vom Bundesministerium für Bildung und Forschung (BMBF) erstellter Katalog über geförderte e-Learning-Projekte an deutschen Hochschulen („Kursbuch eLearning 2004") genutzt. Im Einzelnen standen folgende Fragen zur Beantwortung:

1. Welche der drei folgenden[125] lerntheoretischen Strömungen waren die Grundlage bei der Konzeption Ihres Systems?
2. Unter welchen didaktischen Gesichtspunkten bzw. aufbauend auf welchen Theorien wurde Ihr System entwickelt?
3. Wo liegt der Schwerpunkt der Rückmeldungen zu Ihrem System, die Sie von Seiten der Nutzer erhalten haben?
4. Wo liegen Ihrer Meinung nach die Vorteile einer tutoriellen Betreuung?
5. Bitte beurteilen Sie die Zukunft der webbasierten Anwendungen im Bereich der Hochschulausbildung.

Die Auswertung der Antworten zu den lerntheoretischen Strömungen zeigt eine deutliche Tendenz zu den kognitivistischen und konstruktivistischen Theorien. Anscheinend findet die Konzeption der meisten e-Learning Systeme unter Berücksichtigung entweder einer der beiden Theorien oder auf Basis einer Mischform statt. Die behavioristische Theorie, bei der Wissen nur kontextbezogen erlernt wird, scheint bei konzeptionellen Überlegungen eine untergeordnete Rolle zu spielen. Vermutlich sind die heutigen e-Learning-Anwendungen in ihrer Struktur so komplex angelegt, dass es dem Lernenden nicht möglich ist, ‚ausschließlich' *träges Wissen* zu produzieren. Allein die Beschäftigung mit einem System erfordert akti-

---

125 Zur Auswahl standen: „Behaviorismus", „Kognitivismus", „Konstruktivismus" und „Mischform aus"

ves Handeln. Dennoch darf der behavioristische Ansatz nicht von vornherein als ‚untauglich' ad acta gelegt werden:

> „Passives Lernen ist sicher ein Missverständnis. Den Nürnberger Trichter gibt es auch in behavioristischen Lerntheorien nicht. Diese Theorien machen nur keine expliziten Aussagen über die aktiven Prozesse im menschlichen Informationsverarbeitungssystem. Dieses Missverständnis ist leider in der Pädagogik weit verbreitet." (A-03)

Für zukünftige Planungen wäre diesbezüglich zu überlegen, in welcher Weise jede der drei Lerntheorien bei der Konzeption eines e-Learning-Systems miteinbezogen werden kann, da auch die behavioristische Denkweise für bestimmte Lernbereiche[126] von Vorteil sein kann.

Abschließend ist anzumerken, dass die Lerntheorien keine konkreten Planungsszenarien beinhalten, sondern nur das Fundament für ein System oder eine Lehrveranstaltung darstellen. Für eine genauere Planung sind u.a. konkretere didaktische Konzepte unabdinglich.

2. *Unter welchen didaktischen Gesichtspunkten bzw. aufbauend auf welchen Theorien wurde Ihr System entwickelt?*

Die Antworten zu den didaktischen Überlegungen zeigen ein sehr breites Spektrum von Ansätzen. Neben den bereits vorgestellten Konzepten der *anchored instruction* und der *cognitive apprenticeship* kommen z.B. Ansätze des kooperativen bzw. problemorientierten fallbasierten Lernens zum Einsatz. Es zeigt sich, dass eine eindeutige Festlegung auf einen oder mehrere Ansätze in den seltensten Fällen gegeben ist. Meistens wird sich nicht an speziellen Theorien, sondern am Forschungsstand in fach-, mediendidaktischer und softwareergonomischer Hinsicht orientiert. Statt einer konsequenten Umsetzung eines bestimmten Konzeptes wird eine zielgruppenspezifische Anpassung mit Blick auf den zu vermittelnden Inhalt vorgenommen. Das Resultat solcher kreativen Modifizierungsprozesse können neue didaktische Konzepte sein:

> „Aufbauend auf Konzeptionen der humanistischen Psychologie und Pädagogik (z.B. Rogers, Dewey, Gudjons) haben wir ein didaktisches Konzept für softwareunterstützte Seminare entwickelt, die wir als „offene Seminare" charakterisieren." (A-10)

---

126 In Bereichen, die stark auf die Vermittlung von Faktenwissen ausgelegt sind, würde der Einsatz dem entsprechender Lernsoftware, bei der Wissen nur kontextbezogen angeeignet wird, sicherlich Sinn ergeben. Bezogen auf das Sozialpädagogikstudium wäre hier z.B. das Teilgebiet der Sozialmedizin zu nennen, wo u.a. kindliche Entwicklungsphasen vermittelt werden.

Resümierend lässt sich konstatieren, dass didaktische Planung mehr bedeutet als die Anwendung einer Theorie oder eines Ansatzes. Vielmehr ist abzuwägen, ob es sinnvoll ist, ein bestehendes Konzept anzupassen oder ggf. ein neues zu entwikkeln, welches z.b. unter praktischen Gesichtspunkten entworfen wird. Unabhängig davon, wie die Entscheidung für ein didaktisches Konzept ausfällt, sollte immer begründbar sein, warum und mit welcher Intention die Entscheidung für ein bestimmtes Vorgehen getroffen wurde.[127] Ein positives Beispiel für die Begründung einer didaktischen Gesamtkonzeption – in diesem Fall handelt es sich um eine interaktive Lehr- und Lernplattform für die medizinische Lehre (PROMETHEUS) – könnte z.b. folgendermaßen aussehen:

> „[...] Den Lernenden wird eine angenehme, intuitive Lernumgebung dargeboten, die nach kurzer Einarbeitung durch die konsequente Struktur und Einheitlichkeit, erfassbar und einfach zu handhaben ist. Die grafische, szenenbasierte Führung durch die Lerninhalte ermöglicht eine freudvolle Auseinandersetzung mit den Lernmaterialien und motiviert die Nutzer zu weiterer Nutzung des Systems. Durch die adaptive Konzeption des Systems können die Inhalte dem Nutzer angepasst erstellt und abgerufen werden.
> Das konstruktivistische „goal based scenario" (R. Schank) ermöglich dem Nutzer problemorientiert, zielgerichtet zu lernen und dabei sein vorhandenes Faktenwissen in einer Simulation der Arzt-Patientensituation in Handlungswissen umzusetzen, und so in seinem vorhandenen Wissensnetzwerk als kontextbezogene Erfahrung zu verankern.
> Die integrierte Patientenakte ermöglicht Reflektion über das eigene Vorgehen und die Problemlösestrategien. Die komplette Auswertung des diagnostischen Vorgehens und der vom Anwender gestellten Diagnosen, regt zur Auseinandersetzung mit den Inhalten und Grenzen des eigenen Wissens und zur Auseinandersetzung mit dem Fallautor oder Dozenten an.
> Die eigenen Lernprozesse können zielgerichtet geplant und umgesetzt werden. Zum Beispiel können fehlende Kenntnisse in der apparativen Diagnostik oder deren Befundung zum Lernthema werden.
> Erfolgs- und handlungsmotivierte Motivkonstellationen wirken leistungsfördernd. Die Möglichkeiten des vertiefenden und explorativen Lernens in der integrierten Bibliothek ergänzen und erweitern das Spektrum des Lernangebotes.
> Über die im Forum angebotenen Informationen zu Lernzielen, Ablauf der Veranstaltungen und didaktischer Konzeption wird das didaktische Konzept um sonst in Fallsystemen schwer darstellbare Meta-Informationen erweitert.
> Vier verschieden Profile der Fallbearbeitung ermöglichen eine Einschränkung, der sonst sehr frei wählbaren Handlungsschritte und können so verschiedenen Lehrkonzepten angepasst werden. Eine Blended Learning Veranstaltung verlangt nach einer anderen Strukturierung als die selbstgesteuerte Lernerfahrung.
> Eine Besonderheit des Systems besteht in der bewusst gewählten auffallenden grafischen Darbietung der Inhalte. Diese Art der Darstellung soll im Nutzer die Entstehung von Telepräsenz fördern. Die Entstehung von Telepräsenz im Nutzer wird beeinflusst von äußeren Stimuli und deren individueller Verarbeitung im Gehirn. Hierfür gibt es einige Grundregeln, die von Slater und Usoh in externe und interne Faktoren eingeteilt wurden. Die externen Faktoren umfassen die Qualität des Displays und der Abbildungen, übersichtliche und

---

127 Leider liegen der Entstehung von Learning Management Systemen nicht immer solch ausführliche Überlegungen zu Grunde.

konsistente Anordnung von Symbolen und Inhalten, die Bewegung im System muss einfach und übersichtlich gestaltet sein. Der Nutzer sollte im System menschliche Gestalt haben und die Verbindung zwischen Nutzeraktion und Reaktion im System sollte eindeutig sein. Zwei interne Faktoren werden auf der Basis neurolinguistischer Programmierung festgelegt.

Der erste interne Faktor ist das Repräsentationssystem das der Nutzer einsetzt, er sieht ein Bild, erinnert sich an ein Bild, oder konstruiert sich eine Darstellung. Beeinflusst wird die Wahl des Repräsentationssystem durch die Darbietung der Daten, visuell, akustisch oder kienästhetisch.

Der zweite interne Faktor ist die Sichtweise des Nutzers im System. Man kann den Benutzer in der ersten Person am Geschehen teilnehmen lassen, wie es bei den sogenannten egoshooter Anwendungen der Fall ist. Die zweite Alternative ist ein olympischer Standpunkt des Benutzers, der im System agiert. Die letzte Möglichkeit ist eine abstrakte Position, bei der der Benutzer selbst nicht im System anwesend zu sein scheint. Laut NLP gibt es bei unterschiedlichen Menschen Vorlieben für Darstellungsformen, obwohl in Simulationssystemen, denkt man Flug- oder Fahrsimulatoren, die erste Position bevorzugt eingesetzt wird. [...]" (A-12)

3.   Wo liegt der Schwerpunkt der Rückmeldungen zu Ihrem System, die Sie von Seiten der Nutzer erhalten haben?

Sowohl für Präsenz- als auch für e-Learning-Seminare bzw. -Systeme gilt die Feststellung, dass eine ‚perfekte' Planung nur unzureichend möglich ist. Es existieren stets unkalkulierbare Faktoren, wie z.B. eine unkonventionelle – im Vorfeld nicht eingeplante – Herangehensweise eines Lernenden, die das beabsichtigte Lernziel unter Umständen verfehlen. Probates Mittel für eine stetige Verbesserung der Planung stellen Rückmeldungen der Nutzer dar.

Aus den Umfrageergebnissen wird deutlich, dass zum momentanen Zeitpunkt auf Seiten der Nutzer von e-Learning-Angeboten eine ‚Vertrautheit' festzustellen ist. Sie verfügen über Erfahrung im Umgang mit e-Learning-Systemen, erkennen Probleme und haben eine genaue Vorstellung, wie eine Lernumgebung aussehen muss, um ihren Ansprüchen zu genügen.

Im Einzelnen wird z.B. eine stärkere tutorielle Betreuung gewünscht. Daraus lässt sich die Vermutung ableiten, dass sich die Rolle des Tele-Tutors im virtuellen Lernprozess gefestigt zu haben scheint, so dass eine stärkere Zusammenarbeit mit den Nutzern ohne größere Probleme möglich ist.[128]

Ein weiteres Indiz für die fortgeschrittene Selbstständigkeit der Nutzer ist zum einen der Wunsch nach mehr multimedialen Inhalten und zum anderen der Hin-

---

128   Vergleicht man diese Erkenntnis mit der Analyse der vom Tele-Tutor betreuten Seminare, die bereits zwei Jahre zurück liegen, zeichnet sich ein positiver Trend – auf Seiten der Studierenden (Nutzer) – in Richtung tutorielle Betreuung ab.

weis auf die technischen Defizite der Anwendungen (z.b. Performanceverbesserung bei Videosequenzen, Ladezeiten bei Grafiken).

Großer Wert wird ebenso auf die didaktische Einbettung des e-Learning-Systems gelegt. Aus der didaktischen Struktur eines Seminars sollte z.b. mühelos ablesbar sein, warum der Einsatz einer Lernplattform für die Bearbeitung einer Aufgabe unabdinglich und im besten Fall hilfreich ist.

Auch auf inhaltlicher Ebene bestätigt sich der bisherige Kompetenzzuwachs der Nutzer. Eindeutig werden bestimmte methodische Umsetzungen gewünscht, wie z.B. „mehr Frage-Antwort Möglichkeiten" oder „stärkeres fallbasiertes Lernen". Aber auch zur Qualität bzw. Quantität der Inhalte werden Aussagen getätigt. So sollten Materialien z.B. so konzipiert sein, dass sie verständlich formuliert sind und stärker zum kooperativen Lernen anregen.[129] Überdies wird moniert, dass zu wenig Inhalte zur Verfügung stehen.[130]

Zu den e-Learning-Systemen direkt lässt sich feststellen, dass eine einfache intuitive Bedienbarkeit unnötige Rückfragen erspart und Zuspruch von Seiten der Nutzer findet. Ferner möchten sich die Nutzer mit dem System identifizieren können, d.h. die Oberfläche muss individuell konfigurierbar sein. Diese Forderung ist im Open sTeam-System bereits umsetzbar (s. Abb. 10).

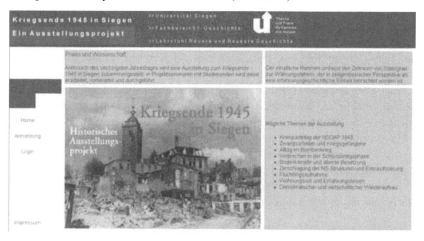

Abbildung 10: Beispiel für die individuelle Gestaltung einer Seminarstartseite mit Open sTeam

---

129 Diese Schlussfolgerung stimmt mit den als Tele-Tutor gewonnenen Erkenntnissen überein.
130 Hierzu lässt sich anmerken, dass bei der Bereitstellung von Informationen ein schmaler Grad zwischen ‚Überfrachtung' und ‚Unterforderung' der Nutzer liegt. Mittlerweile gibt es jedoch genügend Erkenntnisse, worauf bei der Gestaltung von Informationen für hypermediale Lernumgebungen zu achten ist.

4. Wo liegen Ihrer Meinung nach die Vorteile einer tutoriellen Betreuung?

Nachfolgend wurde explizit nach den Vorteilen einer tutoriellen Betreuung aus Sicht der Experten gefragt. Dies beinhaltet jedoch ebenso eventuelle Nachteile, die gleichfalls bei der Auswertung Erwähnung finden.

Bei der Beschreibung der Vorteile tutorieller Betreuung wird zwischen ‚menschlichen' Tele-Tutoren und systemgestützten tutoriellen Systemen unterschieden. Die Betreuung durch einen Tele-Tutor wird insgesamt als überaus hilfreich wahrgenommen. Neben der persönlichen Ansprache scheint die Rolle des Tele-Tutors als ‚menschliche Komponente' motivierende Wirkung auf die Lernenden zu haben. Sie können sich mit dem System besser identifizieren und brechen den Lernprozess nicht vorzeitig ab:

> „die Leute machen den Kurs fertig, ohne Betreuung hat man Abbrecherquoten von 65-85 %" (A-09)

Ferner wirkt der Tele-Tutor sozial kontrollierend und bewahrt unerfahrene Nutzer davor, sich im selbstgesteuerten Lernprozess zu überfordern. Gleichzeitig können erste Erfahrungen mit webgestützter Kommunikation gesammelt werden, die sich grundlegend von der bisher gewohnten Kommunikation in einem Seminar unterscheidet und neue Anforderungen an die Teilnehmer stellt.

Im Vergleich zu einer systemgestützten tutoriellen Betreuung, ist der ‚menschliche' Tele-Tutor in der Lage, den Lernenden ein persönliches und individuelles Feedback, an Stelle standardisierter computergenerierter Rückmeldungen zu geben. Die Behandlung komplexerer Fragen und Probleme wird so erst möglich. Der Tele-Tutor etabliert sich demnach – im Beziehungsgeflecht zwischen Dozent und Lernenden – als ein weiterer Ansprechpartner, den die Lernenden konsultieren können. Darüber hinaus bekommt er ebenso Einblick in die Bedürfnisse des Lehrenden. Vor diesem Hintergrund ist der Tele-Tutor stets in der Lage, den Arbeitsprozess zu reflektieren und ggf. auf Fehlentwicklungen zu reagieren.

Aus Sicht der Befragten trägt die tutorielle Betreuung zur Nutzung des Systems bei, da sie eine Bindung erzeugt und gleichzeitig Anlass zur Nutzung gibt.

> „Häufig „scheitert" der Medieneinsatz daran, dass ein System zwar zur Verfügung gestellt, aber keine Nutzungsanlässe geschaffen bzw. Nutzungskonventionen (gemeinsam) etabliert werden." (A-10)

Gegenüber der menschlichen Betreuung bietet die systemgesteuerte tutorielle Betreuung nur wenige Vorteile, die jedoch nicht zu vernachlässigen sind. So sind die Hilfsangebote nicht an feste Betreuungszeiten gebunden, sondern stehen den Ler-

Ergebnisse einer Emailbefragung 81

nenden jederzeit zur Verfügung. Auch wenn dadurch keine komplexen Fragen beantwortet werden können, bewirkt die technische Unterstützung eine Zeitersparnis für die ‚menschliche' Betreuung, weil viele grundlegende Fragen bereits im Vorfeld geklärt werden können und dem ‚menschlichen' Tele-Tutor dadurch mehr Zeit zur Beantwortung tiefergehender Fragen zur Verfügung steht.

Vorteilig wirkt sich ebenfalls die durch ein tutorielles System garantierte Anonymität aus. Wie weiter oben bereits angeklungen zeichnet sich die menschliche Betreuung gerade durch eine persönliche Ansprache aus. Dies kann sich jedoch auch nachteilig auswirken, indem die Lernenden Zurückhaltung zeigen, aus Angst Fehler zu machen. Die Entscheidung, welche Betreuung zum Einsatz kommt, sollte spezifisch für jedes Seminar mit Blick auf die Zielgruppe und den Kontext getroffen werden.

Aus monetärer Sicht liegen die Nachteile der tutoriellen Betreuung im personellen und zeitlichen Aufwand. Auch die Alternative der systemgestützten Betreuung stellt in diesem Kontext keinen Vorteil dar. Unter dem Aspekt, dass Tele-Tutoren auch Präsenztermine – z.B. eine Einführungsveranstaltung zu einem System – anbieten, wäre die viel propagierte Zeit- und Ortsunabhängigkeit in diesem Zusammenhang nicht gegeben.

Abschließend lässt sich jedoch feststellen, dass die Ergebnisse der Umfrage eindeutig zugunsten einer tutoriellen Betreuung ausgefallen sind. Unterscheidet man ferner zwischen einer ‚menschlichen' und einer systembasierten Betreuung, geht der Trend eindeutig zur menschlichen Komponente. Dennoch wäre eine Mischung aus systembasierter und menschlicher tutorieller Betreuung – technische und finanzielle Machbarkeit vorausgesetzt – sicherlich die effektivste Betreuungsform.

5. *Bitte beurteilen Sie die Zukunft der webbasierten Anwendungen im Bereich der Hochschulausbildung.*

Interessant aus Hochschulsicht ist die zukünftige Entwicklung der Seminarformen. Es ist zu fragen, wie sich die Hochschullehre den neuen Herausforderungen stellen wird. Wird sich die rein virtuelle Lehre vermehrt etablieren können oder ist der blended learning-Ansatz geeigneter? Hierzu sollen die Ergebnisse der Umfrage einen ‚spekulativen' Ausblick liefern.

Grundsätzlich bestreitet niemand, dass webbasierte Anwendungen auch in der Zukunft Einsatz in der Hochschulausbildung finden. Darüber, ob sie eine dominante Rolle einnehmen und eventuell die bestehende Präsenzlehre verdrängen werden, herrscht jedoch keine eindeutige Meinung.

Das größte Potential wird dem blended learning-Ansatz zugesprochen, er soll dazu genutzt werden, bestehende Schwächen des Studiensystems auszugleichen. Trotz des Zugewinns an Bedeutung wird jedoch darauf hingewiesen, dass die Integration einen zusätzlichen finanziellen und zeitlichen Aufwand mit sich bringt.

Auch im Vergleich mit CBTs[131] wird das Konzept des blended learning favorisiert, da es sich durch einen höheren Motivationsfaktor auszeichnet. Reine Onlinelehre wird nach Aussage der Befragten vermutlich in den neu entstandenen Bachelor- und Master-Studiengängen (BA/MA) zum Einsatz kommen, wohingegen blended learning in den ‚grundständigen‘ Studiengängen dominieren wird. Gründe für eine künftige Dominanz der e-Learning Systeme – sei es nun rein virtuell oder begleitend – liegen in den Erfahrungen mit dem bisherigen Einsatz. Demnach werden zukünftig die Vor- und Nachteile erforscht sein und folglich eine Konzentrierung auf die Vorteile stattfinden. In einem weiteren Schritt werden die Vorteile der Präsenzlehre mit den Vorteilen der Onlinelehre kombiniert werden, um einen effizienten Einsatz mit maximalem Erfolg garantieren zu können.

Wer die webbasierten Anwendungen nicht gleich als ‚ultima ratio‘ versteht, kann sich dennoch vorstellen, dass sie die Hochschullehre bereichern bzw. ergänzen und in einigen Bereichen sogar Präsenzkurse ersetzen werden. Zudem bieten blended learning-Ansätze die Möglichkeit, in Präsenzveranstaltungen eine andere Gewichtung vorzunehmen. Die Grundlagenvermittlung würde demnach über die virtuelle Seminarbegleitung stattfinden, wodurch in den Präsenzsitzungen mehr Zeit für anwendungsorientierte Lehreinheiten zur Verfügung stünde.

Weniger euphorische Meinungen gehen davon aus, dass e-Learning Inhalte nur zur Substitution und Attraktivitätssteigerung der Hochschulen genutzt werden.[132]

Ergänzend werden die Schwachstellen der webbasierten Anwendungen aufgezeigt. Sie funktionieren demnach nur mit einem Prüfungsbezug oder mit einer Einbindung in das Curriculum des jeweiligen Studiengangs. Mit dem dadurch entstehenden ‚Nutzungszwang‘ könnten sich auch die ‚Kritiker‘ einen erfolgreichen Einsatz vorstellen.

Welche Seminarform sich in Zukunft durchsetzen wird, bleibt jedoch auch nach Auswertung der Umfrage offen:

---

131 CBT = Computer-Based-Training, gilt als Sammelbegriff für die Nutzung von Computern zur Steuerung von Lehr- und Lernprozessen. Dies bezieht auch die Perspektive der Nutzung eines rein virtuellen e-Learning-Systems mit ein.

132 Hierdurch sollen verschiedene Zielgruppen (Alumni, Schüler, Bewerber) positiv beeinflusst werden.

> „Meiner Meinung nach, ist es nicht möglich, pauschal ein Urteil zu fällen, ob E-Learning oder Blended Learning oder Präsenzlehre besser ist und daher in Zukunft dominieren werden, da hier viele verschiedene Faktoren (Fachgebiet, Kursinhalt, Zielgruppe, Lernziel, Lehrstil ...) eine Rolle spielen. Vielmehr sehe ich die Zukunft so, dass für jedes Fach - für jeden Kurs - individuell entschieden werden sollte, ob und wie weit es Sinn macht, ihn mit webbasierten Inhalten anzureichern. Ich verstehe webbasierte Anwendungen als eine Erweiterung des Spektrums in der Lehre. (A-07)

Dennoch ist festzustellen, dass die Mehrzahl der Befragten in blended-learning-Szenarien die Zukunft sehen. Sie werden auf verschiedene Weise Eingang in die Hochschullandschaft finden. Wahrscheinlich wird die Studienstruktur und Administration aus Nutzersicht immer stärker auf Onlinebasis ablaufen (persönlicher Onlinestundenplan, Lernprogramme, Selbstprüfungsprogramme, Vernetzung von Kursen), so dass ein Wechsel eher schleichend als offensichtlich verläuft. Präsenzlehre wird jedoch weiter ihren Stellenwert behalten und durch e-Learning eine Ergänzung bzw. Unterstützung erfahren.

7.1 Fazit

Die Ergebnisse der Auswertung zeigen deutlich, dass sich der e-Learning-Sektor in einer Konsolidierungsphase befindet. Zeitungsmeldungen, die bereits das Ende von e-Learning verkündeten („der Hype um e-Learning ist vorbei"[133]), kann entgegengehalten werden, dass sich die euphorische Stimmung in eine analytische Sichtweise gewandelt hat. E-learning wird kritisch nach möglichen Vorteilen untersucht. Die Antworten der Befragten zeigen einerseits ein sehr positives Bild der Erfahrungen beim Einsatz von e-Learning-Komponenten in der Hochschullehre. Die kritischen Anmerkungen verdeutlichen andererseits, dass e-Learning auch weiterhin beweisen muss, ob ein Mehrwert gegenüber der Präsenzlehre vorhanden ist.

---

133 vgl. http://www.uni-protokolle.de/nachrichten/id/28251/ [10.09.2005]

8 Konzeption einer Lehrveranstaltung – ein Versuch

„Multimedia lohnt sich dort,
wo traditionelle Verfahren versagen
oder ineffektiv sind"
(Keil-Slawik)

Den Abschluss dieses Buches soll die Konzeption einer Lehrveranstaltung bilden. Aufbauend auf den bisher gewonnenen Erkenntnissen aus Sicht eines Tele-Tutors soll versucht werden, ein ‚Seminargerüst' zu entwerfen, welches als Grundlage für verschiedene Seminare Einsatz finden kann. Aus diesem Grund findet die Konzeption des Seminars nicht aus fachdidaktischer Sicht, sondern unter hochschuldidaktischen Gesichtspunkten statt. Dennoch wird es sich an einigen Stellen nicht vermeiden lassen, die fachliche Seite mit in den Blickwinkel zu nehmen.

8.1 Konzeption der Lehrveranstaltung

Seminar: „Einführung in die Felder der Sozialen Arbeit"

Typ:	Einführungsveranstaltung[134]
Teilnehmer:	ca. 30-40 Studierende[135]
Seminarform:	Mischung aus Präsenz- und virtuellen Sitzungen (blended learning)

---

[134] Für die Konzeption wurde bewusst der Typus einer Einführungsveranstaltung gewählt, da er sich mutmaßlich sehr gut dazu eignet, um die Studierenden bei der Einführung in das Studium bzw. in ein spezielles Fachgebiet einerseits, von Beginn an mit dem System vertraut zu machen, andererseits den großen Studierendenmengen (da es sich meistens um Pflichtveranstaltungen handelt) Rechnung zu tragen und durch die virtuelle Unterstützung eine individuelle Lernbetreuung zu ermöglichen.

[135] Die erwartete Teilnehmerzahl sollte immer im Hinblick auf den beabsichtigten Einsatz einer virtuellen Unterstützung festgelegt werden. Ab welcher Gruppengröße (sowohl minimal als auch maximal) ist der Einsatz von e-Learning sinnvoll?

8.1.1 Inhalt

In einer Mischung aus Präsenz- und Onlineseminar wird sich dieses Seminar mit dem Aufbau einer Informationsdatenbank zu den Feldern der Sozialen Arbeit befassen. Unterstützt durch einen Tele-Tutor und ein e-Learning-System werden die Studierenden Erfahrungen im Bereich des virtuellen Lernens sammeln können. Für die Erstellung der Informationsdatenbank werden die Studierenden in Arbeitsgruppen an verschiedenen Feldern arbeiten. Neben der Planung und Organisation einer ‚Expertenrunde' wird das Seminarziel die Erstellung einer Präsentation, auf Grundlage der erarbeiteten Materialien sein.

8.1.2 Ablaufplan

(1) Anfängliche Präsenzsitzungen zur Einführung in die Thematik und in die Nutzung der Lernumgebung

(2) Gruppenbildung mit anschließender Themenfindung

(3) Gruppenarbeit und Onlinekommunikation (Lernende – Dozent – Tele-Tutor)

(4) Organisation einer ‚Expertenrunde'

(5) Erstellung des Endproduktes und Präsentation der Ergebnisse

(6) Evaluation der Lehrveranstaltung

Bei der Formulierung der Rahmendaten für das Seminar ist darauf zu achten, das Seminarziel und die -inhalte möglichst genau anzugeben. Wichtig ist vor allen Dingen die Erwähnung des Einsatzes von e-Learning-Elementen, damit die Teilnehmer schon im Vorfeld entscheiden können, ob sie unter diesen Voraussetzungen teilnehmen möchten.

Nach dieser ersten fragmentarischen Übersicht folgt nun die detaillierte Vorgehensweise für die Planung des Seminars. Beginnend mit der Erläuterung der didaktischen Grundidee soll anschließend die Vorbereitungsphase geschildert werden. In Anlehnung an das Format einer ‚Checkliste' werden die einzelnen zu bedenkenden Schritte aufgeführt, verbunden mit einer Kennzeichnung, welche Aufgabe vom Tele-Tutor bzw. Lehrenden übernommen wird. Darüber hinaus werden durch kurze Erläuterungen die beabsichtigten Ziele verdeutlicht.

Der weitere Ablauf orientiert sich an der Abfolge eines Seminarzyklus. Für die Durchführung der Seminareinheit werden demnach 13 Sitzungstermine veran-

8.1.4 Vorbereitungsphase   87

schlagt. Die genaue Einteilung der Sitzungen in Präsenz- und Onlinephasen mit
den entsprechenden inhaltlichen Entwürfen findet sich weiter unten sowohl in ta-
bellarischer als auch in ausführlicher Form.

8.1.3 Didaktische Grundidee

Die Studierenden haben die Aufgabe, die Felder der Sozialen Arbeit unter verschiedenen Fragestellungen zu erkunden und in einer abschließenden Sitzung die
Arbeitsergebnisse zu präsentieren. Verschiedene Arbeitsgruppen bearbeiten jeweils
eines dieser Felder. Die Zuordnung zu den Gruppen erfolgt durch die Studierenden
selbst. Sie können sich entweder aufgrund individueller Vorerfahrungen oder aus
Interesse einer Arbeitsgruppe anschließen. Die entstehenden Arbeitsergebnisse
sollen als Grundlage dienen, die jedes Semester von weiteren Teilnehmern aktualisiert und ergänzt werden kann. Ziel ist die Entstehung einer umfangreichen Informationsdatenbank für den Bereich der Sozialen Arbeit.

Verbindlichkeit soll durch den Einsatz eines Lernvertrages zwischen Teilnehmern und Dozent erzielt werden. Der gesamte Seminarverlauf wird sich zudem an
den didaktischen Grundsätzen der *anchored instruction* und der *cognitive apprenticeship* orientieren.

8.1.4 Vorbereitungsphase

✔ **Vorbereitung des Medienfragebogens** (*Tele-Tutor*)

Dieser Fragebogen wird in der ersten Sitzung zum Einsatz kommen, mit dem
Ziel, in der zweiten Sitzung einen Kenntnisstand über das Vorwissen der Teilnehmer zu haben. Darauf aufbauend lässt sich z.B. bestimmen, welche Lerntypen[136] angesprochen werden müssen und wie sich die Formulierung der Aufgaben dementsprechend ändert.

✔ **Entscheidung über die zugrunde liegende Lerntheorie** (*Dozent/Tele-Tutor*)

Bei dieser Lehrveranstaltung sollen die Teilnehmer Wissen sowohl im Sinne
der kognitivistischen als auch der konstruktivistischen Lerntheorien erwerben.

---

136 Gemeint ist in diesem Zusammenhang nicht nur die Unterscheidung der allgemeinen Lernty-
     pen sondern speziell die von *Ehlers* aufgestellten Typisierungen („Individualist", „Ergebnisori-
     entierter", „Pragmatiker", „Avantgardist").

Der Ablauf des Seminars soll einen Wechsel zwischen aktiver Rezeption und Konstruktion von Wissen fördern. Dies soll durch die theoretischen und praktischen Anforderungen ermöglicht werden.

√ **Einrichtung des Arbeitsbereichs/Auswahl der Instrumente für die Lernplattform (z.B.** *Open sTeam***)** (*Dozent/Tele-Tutor*)

Bei diesem Planungsschritt muss entschieden werden, welche Infrastruktur den Studierenden vorgegeben werden soll. Erfahrungen haben gezeigt, dass die erfolgreiche Nutzung eines Lernsystems u.a. von der vorgegebenen Infrastruktur abhängt. Die Einrichtung der Lernumgebung sollte für die Teilnehmer nachvollziehbar sein und ihnen überdies die Möglichkeit geben, eine eigene Umgebung für die Gruppe zu entwerfen.

Für dieses Seminar werden im Arbeitsbereich vor Beginn zwei Foren („Treffpunkt", „schwarzes Brett") und ein Ordner („Seminareinführung") installiert. Hier sollte darauf geachtet werden, dass die Forennamen aussagekräftig und bereits mit einer Willkommensnachricht bzw. anderen Informationen versehen sind.

√ **Entscheidung über die einzusetzenden Methoden** (*Dozent/Tele-Tutor*)

Bereits vor Seminarbeginn sollte die Entscheidung über die einzusetzenden Methoden feststehen. Bei der Auswahl ist z.B. darauf zu achten, dass die Methoden für die Zielgruppe, das Medium und die Teilnehmerzahl geeignet sind. Natürlich können auch im Nachhinein Methoden – wenn es die Situation erfordert – hinzugefügt werden. Dennoch ist eine vorherige Festlegung sinnvoll, um die angestrebte Zielperspektive durch die Auswahl der passenden Methoden steuern zu können.

In diesem Seminar wird zu Beginn eine sogenannte „Eisbrecherübung" durchgeführt, die die Teilnehmer mit der Systemnutzung vertraut machen und zudem die Anonymität der Gruppe aufheben soll. Um die Verbindlichkeit zu fördern und den Teilnehmern eine genaue Vorstellung zu vermitteln, in welche Richtung die individuelle Gruppenarbeit gehen soll, wird ein Lernvertrag mit den einzelnen Arbeitsgruppen geschlossen. Im weiteren Verlauf des Seminars werden dann aktivierende Übungen zum Einsatz kommen, die einerseits das Medium Email einbeziehen, andererseits die Teilnehmer zur Nutzung der Lernumgebung aktivieren sollen. Die abschließende Seminarbewertung soll in einem Chatraum (getrennt nach Arbeitsgruppen) stattfinden.

8.1.4 Vorbereitungsphase

√ **Entwicklung der fachlichen Seminarstruktur bzw. Zielperspektive** (*Dozent*)

Eine Aufgabe, die dem Dozenten obliegt ist die fachliche Planung des Seminars. Der Tele-Tutor ist aufgrund seiner Rollendefinition in diesen fachlichen Planungsschritt im allgemeinen nicht involviert (vgl. Kap. 2.3).

√ **Klärung der Zuständigkeiten** (*Dozent/Tele-Tutor*)

Im Vorfeld des Seminars sollte zwischen Dozent und Tele-Tutor geklärt werden, wer welche Aufgabenbereiche übernimmt. Rückfragen der Teilnehmer können so ohne Verzögerung beantwortet werden.

Eine Aufteilung könnte z.b. so aussehen, dass der Tele-Tutor die technischen Rückfragen, das Feedback zum Status der Aufgabenbearbeitung und die ‚Pflege' der Lernumgebung übernimmt. Der Dozent würde sich demnach um die fachlichen Anfragen kümmern und den Teilnehmern bei Problemen mit methodischem Wissen zur Verfügung stehen. Eine trennscharfe Aufteilung ist meistens jedoch nicht möglich und z.T. auch nicht sinnvoll. Mit Hinblick auf die – von den Hochschulen geforderte – Steigerung der e-Learning-Seminarquote, liegt der Schwerpunkt neben dem Kompetenzerwerb der Teilnehmer ebenso beim Lehrenden, der zukünftig in der Lage sein sollte, virtuell begleitete Seminare auch selbstständig durchzuführen.

√ **Hilfestrukturen / Notfallszenarien** (*Dozent/Tele-Tutor*)

Nach Klärung der Zuständigkeiten müssen konkrete Überlegungen für die Unterstützung der Studierenden getroffen werden. Auf welche Hilfsangebote sollen sie zurückgreifen können? Wie kann eine schnelle Unterstützung durch den Tele-Tutor bzw. Lernenden gewährleistet werden?

Im Modellseminar werden jeweils von Dozent und Tele-Tutor virtuelle Sprechstunden – sowohl synchron als auch asynchron – angeboten, d.h. die Teilnehmer können entweder zu einer festgelegten Zeit synchron mit Dozent/Tele-Tutor z.B. in einem Chatraum in Kontakt treten oder sie nutzen die asynchrone Möglichkeit der Kontaktaufnahme über ein „Sprechstundenforum". Ergänzend wird den Teilnehmern eine FAQ geboten, die vom Tele-Tutor erstellt wird und jeweils Antworten auf häufig gestellte Fragen beinhaltet. Darüber hinaus werden Präsenzsprechstundentermine angeboten, um den vorherrschenden Kommunikationsstrukturen der Studierenden zu entsprechen.[137] *Allerdings*

---

137 Aufgrund der Auswertung der betreuten Seminare entspricht diese Vorgehensweise den gemachten Erfahrungen, dass Präsenzsprechstunden weitaus stärker frequentiert werden als virtuelle Hilfsangebote (vgl. Kap. 6.3.5ff.).

werden diese Termine im Gegensatz zu den Onlinezeiten sehr begrenzt angeboten.[138]

✓ **Erkundung des Lernraums** (*Dozent/Tele-Tutor*)

Unabdinglich für den Einsatz eines virtuellen Lernsystems ist die genaue Kenntnis über die Funktionsweise. Hierfür sollten sowohl Tele-Tutor als auch Dozent die Lernplattform aus der Perspektive eines Nutzers erkunden. Dieses Vorgehen ist hilfreich, um auftretende Probleme bei den Teilnehmern schnell lösen und eventuelle Fehler bereits im Vorfeld beheben zu können. Ein weiterer Vorteil dieser „Systemübersicht" des Dozenten/Tele-Tutors liegt in der Analyse der virtuellen Arbeitsprozesse. Wenn sich eine Arbeitgruppe z.b. nicht mehr an der virtuellen Arbeit beteiligt, können Probleme mit der Systemstruktur zugrunde liegen. Auch hier können die Kenntnisse des Tele-Tutors/Dozenten helfen, eine Lösung zu finden.

✓ **Einstellen der Informationen/Materialien** (*Dozent/Tele-Tutor*)

Wesentlicher ,Grundpfeiler' eines e-Learning-Systems sind die dort verfügbaren Informationen. Sie beleben das System und sollen zu einer Mitarbeit anregen. Die Bereitstellung der Informationen geschieht anfangs durch den Dozenten/Tele-Tutor. Im voranschreitenden Seminarverlauf können auch die Teilnehmer Informationen, z.B. für die Gruppenmitglieder, hinzufügen.
Vor Beginn eines Seminars können z.B. Anleitungen zur Nutzung des Systems, Literatur oder Linksammlungen eingestellt werden. Zusätzlich erscheint es sinnvoll, Informationen zur Person des Dozenten/Tele-Tutors in das System zu stellen. Hierunter fallen u.a. Sprechstundenzeiten, Emailkontakt und ein Portrait. Die Angabe von Antwortgeschwindigkeiten[139] ist überdies hilfreich, um unnötige Frustrationen auf Teilnehmerseite zu vermeiden.
Diese ,Personalisierung' des Systems trägt zu einer vertrauten Seminaratmosphäre bei und kann hilfreich sein, Hemmungen auf Seiten der Nutzer abzubauen.

---

138 Mit dem Ziel, Hilfsangebote in Zukunft ausschließlich über virtuelle Hilfsstrukturen abzudecken.

139 Angenommen, der Lehrende bzw. Tele-Tutor stehen für Emailanfragen nur an zwei Tagen der Woche zur Verfügung, sollte dies dringend kommuniziert werden, damit sich der Lernende darauf einstellen kann.

8.1.5 Durchführung

Sitzungen	Inhalt	Typ
1	Thematische Einführung	Präsenz
2	Einführung in das virtuelle Lernsystem	Präsenz
3	Arbeiten mit dem Lernsystem / Gruppen- und Themenfindung	Präsenz
4	Adressen- und Bilderrecherche	Online
5	Kontaktaufnahme mit Einrichtungen / virtuelle Glossarerstellung	Online
6	Planung der Expertenrunde	Online
7	Vorbereitung der Expertenrunde	Präsenz
8	Die Expertenkonferenz	Präsenz
9	Aufbreitung der Konferenzergebnisse	Präsenz
10	Erstellung der Abschlusspräsentation	Online
11	Präsentation der Arbeitsergebnisse I	Präsenz
12	Präsentation der Arbeitsergebnisse II Vorbereitung der Chatevaluation	Präsenz
13	Evaluation des Seminars via Chat	Online

Tabelle 3: Sitzungsplan des Modellseminars

Sitzungsblock I

1	Thematische Einführung	Präsenz
2	Einführung in das virtuelle Lernsystem	Präsenz
3	Arbeiten mit dem Lernsystem / Gruppen- und Themenfindung	Präsenz

1. Sitzung

Nach den Grundsätzen der *anchored instruction* und der *cognitive apprenticeship* findet der Beginn des Seminars mit einer Schilderung der Problemlage an. Um eine *Verankerung* bzw. ein *Modeling* bei den Studierenden zu erreichen, beginnt der Dozent das Seminar mit der Rezitation eines Briefes. Dieser Brief enthält den Auftrag an das Seminar, den Grundstein für eine internationale Datenbank zum Thema zu entwerfen. Darüber hinaus enthält er eine kurze Beschreibung der momentanen Problemlage mit einem Verweis auf beigefügte Materialien. Im Anschluss führt der Dozent die erwähnten Materialien vor, einen kurzen Filmbeitrag zur Thematik und ein thematisch passendes Interview.[140]

Die folgende Diskussionsrunde klärt die ersten Fragen, erläutert die Themenstellung und gibt ergänzende Hinweise zur inhaltlichen Thematik. Der Dozent sollte nochmals die Wichtigkeit des Auftrages verdeutlichen und die bisherige Problemlage nachzeichnen.

Abschließend stellt sich der Tele-Tutor dem Seminar vor und beschreibt die ‚virtuelle Seite' des Seminars. Er verdeutlicht seine Rolle im Vergleich zu der des Dozenten und gibt eine Begründung, warum die Nutzung einer Lernplattform für die inhaltliche Ebene des Seminars unabdingbar ist. Darüber hinaus klärt er erste Fragen mit den Teilnehmern. Den Abschluss der Sitzung bildet das gemeinsame Ausfüllen des Medienfragebogens (s. A-Divers-02).

Nachbereitung für Tele-Tutor/Dozent

Nach Auswertung der Fragebögen durch den Tele-Tutor, ergibt sich ein genaueres Bild über die Zusammensetzung der Gruppe. Bildet sie eine homogene Gruppe oder gibt es ein starkes Gefälle z.B. bezüglich der Vorkenntnisse?

---

140   Mit dieser Vorgehensweise sollen möglichst viele Lerntypen im Seminar angesprochen werden.

8.1.5 Durchführung

Aufgrund der Ergebnisse können Dozent und Tele-Tutor eine Konkretisierung der Aufgabenstellung vornehmen. Hierbei sollte z.b. in den Blick genommen werden, welchen Lerntypen sich die Teilnehmer zugeordnet haben. Gibt es beispielsweise ausschließlich visuelle Lerner, wäre eine Schwerpunktsetzung ausschließlich auf Textarbeit nicht sinnvoll.

Überdies bereitet der Tele-Tutor die Materialien für die Systemeinführung in der nächsten Sitzung vor und stellt den Ablauf der letzten Sitzung protokollartig in ein dafür neu zu installierendes Forum („Sitzungsdokumentation").[141] Dieser Service soll abwesenden Seminarteilnehmern einen mühelosen Wiedereinstieg in die Arbeitgruppe ermöglichen.

2. Sitzung

Nachdem der Dozent eine kurze Zusammenfassung der Fragebogenauswertung gegeben hat, übernimmt der Tele-Tutor die Sitzung und erläutert den Studierenden grundlegende Merkmale bei der Arbeit im virtuellen Raum. Er kann z.b. über Erfahrungen der bisher betreuten Seminare sprechen und auf mögliche Fehlerquellen hinweisen.

Anschließend wird das jeweilige e-Learning-System mittels eines Beamers vorgeführt. Die wichtigsten Funktionen werden gezeigt und sich ergebende Fragen direkt geklärt. Die größte Hürde stellt meistens die Anmeldung für ein solches System dar. Deshalb kann der Tele-Tutor einige Studierende exemplarisch den Anmeldeprozess vor dem Plenum durchführen lassen. Dieses Vorgehen hat für beide Seiten einen positiven Effekt. Der Tele-Tutor kann so z.b. erkennen, welche typischen Fehler gemacht werden und darauf direkt reagieren.

Nach der Präsentation wird den Studierenden zusätzlich eine schriftliche Beschreibung der wichtigsten Funktionen ausgehändigt. Hiermit soll wiederum den verschiedenen Lerntypen Rechnung getragen werden.

Zum Abschluss der Sitzung bekommen die Teilnehmer zwei Aufgaben. Einerseits sollen sie dem Tele-Tutor eine Email mit Namen und Adresse schicken, damit eine Teilnehmerliste angefertigt werden kann.[142] Andererseits sollen sich bis zur nächsten Sitzung alle Teilnehmer auf der Lernplattform anmelden und im „Treff-

---

141 Da der Tele-Tutor nach jeder Sitzung eine protokollartige Dokumentation verfassen und einstellen wird, findet dieser Punkt bei den folgenden Sitzungsbeschreibungen keine Erwähnung mehr.

142 Bisher wurden Teilnehmerlisten direkt im Seminar von den Studierenden ausgefüllt. Bei der Übertragung entstanden häufig Fehler durch die handschriftliche Ungenauigkeit. Diesem Umstand soll mit dieser Methode entgegengewirkt werden.

punkt" die eigene Person vorstellen. Für diese Aufgabe sollen sich die Studierenden mit Hilfe von fünf Hauptwörtern[143] vorstellen. Als Beispiel befinden sich zu diesem Zeitpunkt bereits die Personenbeschreibungen des Dozenten und des Tele-Tutors im Treffpunktforum.

Nachbereitung für Dozent/Tele-Tutor

Der Tele-Tutor fertigt auf Grundlage der eingehenden Emails eine Teilnehmerliste an und schickt nochmals eine Beschreibung des e-Learning-Systems (mit Schwerpunkt auf dem Anmeldeprozess) per Email an die Studierenden. Im System überwacht der Tele-Tutor den Status der Anmeldungen und steht den Studierenden über ein „Fragen an den Tele-Tutor"-Forum zur Seite. Haben sich die Teilnehmer bereits im Treffpunktforum angemeldet kann der Tele-Tutor ihnen hierfür danken und gleichzeitig darauf hinweisen, dass auch andere Teilnehmer bereits angemeldet sind. Dadurch soll ein erstes Interesse für das System geweckt werden.

Haben alle Studierenden ihre Aufgaben erledigt, schickt der Tele-Tutor kurz vor der nächsten Sitzung eine Email, in der die zu bearbeitenden Felder der Sozialen Arbeit aufgeführt sind, mit der Bitte, bis zum nächsten Seminar per Email eine Entscheidung zu treffen, wer welches Feld bearbeiten möchte.

3. Sitzung

Der Tele-Tutor startet diese Sitzung mit einem Statusbericht. Hierfür zeigt er mittels eines Beamers, wie sich die Lernplattform seit der letzten Sitzung verändert hat. Des Weiteren gibt er eine ausführlichere Beschreibung der bereits vorhandenen Instrumente und Materialien. Zudem verdeutlicht er, mit welcher Intention diese Instrumente und Materialien installiert wurden und wie die zukünftige Gruppenarbeit aus softwaretechnischer Sicht von den Studierenden initialisiert werden kann. Abschließend besteht die Möglichkeit, weitere Fragen bezüglich des Systems zu klären.

Der Dozent hat unterdessen die Emailrückmeldungen der Teilnehmer visualisiert und kann auf dieser Grundlage ersehen, welche Felder von den Studierenden bearbeitet werden möchten. Im nächsten Schritt erläutert er die einzelnen Arbeitsschritte und beschreibt die Zielperspektive.

---

143 Vgl. Häfele, Hartmut /Maier-Häfele, Kornelia: 101 e-Learning Seminarmethoden. Bonn, 2004, S. 73f.

8.1.5 Durchführung

Anschließend sollen die Studierenden Arbeitsgruppen nach ihren Präferenzen bilden.[144] Ist dies erfolgt bekommen die Arbeitsgruppen die Aufgabe, einen Gruppensprecher auszuwählen. Der Tele-Tutor erklärt derweil, welche Funktion die Gruppensprecher im Arbeitsprozess – gerade bei Großgruppen – einnehmen.

In einem nächsten Schritt stellt der Dozent die Methode des Lernvertrags[145] vor, womit das Thema auf die Verbindlichkeit der Seminarteilnahme gelenkt wird. Wegen der Teilnehmerzahl wird der Vertrag mit den Gruppen geschlossen, statt mit den einzelnen Teilnehmern. Diese werden dennoch namentlich im Vertrag erwähnt. Ein Exemplar dieses Lernvertrags bekommt jede Arbeitsgruppe zum Ende der Sitzung ausgehändigt. Da die nächsten drei Sitzungen auf virtueller Basis stattfinden, haben die Gruppensprecher den Auftrag, den Lernvertrag ausgefüllt binnen einer Woche in der Präsenzsprechstunde des Dozenten unterzeichnen zu lassen.[146]

Abschließend stellen Tele-Tutor und Dozent die erste Aufgabe für die virtuelle Arbeitsphase vor. Die Arbeitsgruppen bekommen den Auftrag, Recherchen zum jeweiligen Feld anzustellen und auf dieser Basis eine Adressdatenbank mit Bildern der jeweiligen Institutionen bzw. Einrichtungen auf der Lernplattform einzurichten.[147]

Nachbereitung für Dozent/Tele-Tutor

Aufgrund der vielen Informationen, die in der letzten Sitzung ausgetauscht wurden, ist es erforderlich, dass der Tele-Tutor die Beschlüsse (Gruppenkonstellationen, Gruppensprecher, Zielperspektiven, Aufgaben) per Email an die Teilnehmer sendet. Hierdurch kann er nochmals auf die weiteren Arbeitsaufgaben hinweisen und an die Frist für den Lernvertrag erinnern. Da die weitere Arbeitsphase virtuell stattfindet, enthält diese Email zudem noch einmal die genauen Angaben zu den Sprechstunden des Dozenten/Tele-Tutors bzw. den weiteren Hilfsangeboten.

Darüber hinaus beginnt der Tele-Tutor mit der ‚Pflege‘ der Lernplattform und richtet für die gegründeten Arbeitsgruppen einzelne Bereiche ein. Die weitere Gestaltung obliegt jedoch den Gruppen.

---

144 Aufgrund der Emailrückmeldungen lässt sich bereits vorher erkennen, wie sich die Teilnehmer auf die einzelnen Felder verteilen. Dozent und Tele-Tutor sollten im Vorfeld festlegen, wie klein eine Arbeitsgruppe maximal sein darf.

145 Beispiele und Vorlagen für einen Lernvertrag sind unter http://cweb.uni-bielefeld.de/graessner/home/index,id,31.html abrufbar.

146 Der Dozent kann diese Sprechstunde nutzen, um die Bedingungen des Lernvertrages individuell an die Gruppen anzupassen.

147 Mit dieser Arbeitsaufgabe soll versucht werden, den Individualisten (inhaltsorientiert), den Ergebnisorientierten (eigenständig), den Pragmatiker (bedarfsorientiert) und den Avantgardisten (interaktionsorientiert) gleichermaßen anzusprechen.

Sitzungsblock II

4	Adressen- und Bilderrecherche	Online
5	Kontaktaufnahme mit Einrichtungen / virtuelle Glossarerstellung	Online
6	Planung der Expertenrunde	Online

Der folgende Sitzungsblock wird zusammengefasst behandelt. Da eine genaue Einteilung nach dem Beispiel von Präsenzsitzungen bei virtuellen Sitzungen – aus Gründen der flexiblen Zeiteinteilung – nicht möglich ist, wird eine Schilderung des kompletten Onlinesitzungsblocks vorgenommen.

Ist die erste Onlinephase gestartet, stellen die Teilnehmer nach und nach innerhalb der ersten Woche die Ergebnisse in die Bereiche der jeweiligen Gruppen. Um die Kommunikation zu fördern, schickt der Tele-Tutor regelmäßig Einladungen an die Studierenden, auf einen „virtuellen Kaffee" im Treffpunktforum vorbeizuschauen. Dort wird bewusst ein etwas lockerer Ton angeschlagen. Aktuelle Ereignisse oder Karikaturen regen z.b. immer zur Konversation an. Die Themen, die dort behandelt werden, können auch privater Natur sein.

Nach Ablauf der Bearbeitungsfrist fordert der Tele-Tutor die Gruppensprecher auf, einen Statusbericht ihrer Gruppe zu schicken, damit ersichtlich ist, ob die Bearbeitung der Aufgabe beendet ist. Anschließend gibt der Tele-Tutor jeder Gruppe ein Feedback zur erfüllten Aufgabe.

Die Verkündung von neuen Aufgaben erfolgt in virtuellen Phasen immer zweigleisig. Die Aufgaben werden sowohl per Email als auch über die Plattform veröffentlicht. Damit ist die Sicherheit gegeben, dass alle Teilnehmer über den Stand der Dinge informiert sind.

Der zweite virtuelle Arbeitsauftrag wird vom Dozenten an die Teilnehmer übermittelt. In der achten Sitzung soll eine Expertenrunde stattfinden. Hierfür soll jede Arbeitgruppe einen Experten aus ihrem Feld in das Präsenzseminar einladen. Auf Grundlage der recherchierten Adressen sollen sie den Kontakt herstellen und die Ansprechpartner den bereits erstellten Adressdaten hinzufügen. Begleitend hierzu gibt es vom Tele-Tutor die Aufgabe, ein virtuelles Glossar zu erstellen, in dem die Studierenden Fachwörter aus den spezifischen Bereichen verbunden mit einer Definition eintragen. Jeder Teilnehmer soll mindestens zwei Begriffe eintragen. Die Frist für die Bearbeitung beträgt eine Woche.

8.1.5 Durchführung

In dieser Phase des Seminars ist sowohl der Tele-Tutor als auch der Dozent besonders gefragt, den Arbeitsprozess der Gruppen zu verfolgen. Sie sollten regelmäßig Kontakt mit den Gruppensprechern aufnehmen und nach bestehenden Problemen fragen. Aufgrund der Rückmeldungen aktualisiert der Tele-Tutor das bestehende FAQ-Forum, um die Fragen der Studierenden auch außerhalb der erreichbaren Zeiten – wenigsten teilweise – klären zu können.

Der Dozent gibt den Gruppen nach Ablauf der Frist ein Feedback zur Erstellung des Glossars. Gleichzeitig weist er noch einmal auf das Seminarziel hin und verdeutlicht den Studierenden, dass diese Sammlung von Fachbegriffen in den folgenden Semestern erweitert wird und sie somit ‚Pionierarbeit' geleistet haben.

Nach dieser motivierenden Ansage verdeutlicht der Lehrende die Ziele der Expertenrunde und die damit verbundenen Aufgaben. Bis zur nächsten Seminarsitzung, die wieder in Präsenzform stattfinden wird, soll jeder Teilnehmer drei Fragen formulieren, die in der Expertenrunde an die jeweiligen Vertreter gestellt werden. Die Fragen sollen unter der Perspektive gestellt werden, dass ein möglichst umfassender Überblick über das jeweilige Feld entsteht. Die Abgabe der Vorschläge soll innerhalb einer Woche per Email sowohl an den Dozenten als auch an den Tele-Tutor geschickt werden.

Zur weiteren fachlichen Fundierung stellt der Dozent gleichzeitig einführende Literatur für die jeweiligen Felder auf die Plattform. Die Gruppen können sich dort z.B. Anregungen für die Formulierung der Fragen holen.

Den Abschluss der Onlinephase bildet der Statusbericht des Tele-Tutors, in dem der Arbeitsprozess der letzten drei Wochen dokumentiert wird.

Sitzungsblock III

7	Vorbereitung der Expertenrunde	Präsenz
8	Die Expertenkonferenz	Präsenz
9	Aufbreitung der Konferenzergebnisse	Präsenz

Da der Schwerpunkt der Arbeit in den Sitzungen sieben bis neun auf der inhaltlichen Basis liegt, werden folgend ausschließlich die Aufgaben des Tele-Tutors während dieser drei Präsenzveranstaltungen beschrieben.

In der vorbereitenden Sitzung zur Expertenrunde geben sowohl Dozent als auch der Tele-Tutor Rückmeldung zu den bisher erreichten Arbeitsergebnissen. Hierfür wird abermals per Beamer ein Überblick zu den Entwicklungen auf der Lernplattform gegeben. Teilnehmer aus jeder Gruppe können ihre Ergebnisse kurz vor der Gruppe dokumentieren und auf Probleme eingehen, die es während der Gruppenarbeit gab.

Nach einer inhaltlichen Erläuterung zur bevorstehenden Expertenrunde durch den Dozenten, präsentiert der Tele-Tutor die eingereichten Vorschläge der Teilnehmer. Im Plenum entscheiden die Studierenden, welche Fragen für die Expertenrunde Verwendung finden.

Bei der Frage, wie die Ergebnisse der Expertenrunde dokumentiert werden können und in welcher Form sie Eingang in die Informationsdatenbank finden, steht der Tele-Tutor mit Ratschlägen zur Seite. Er kann z.B. über die verschiedenen multimedialen Möglichkeiten berichten, die eine Plattform den Nutzern bietet. Ganz bewusst beschränkt er sich hierbei nicht auf ein bestimmtes Medium, sondern versucht alle Lerntypen mit einzubeziehen.

In den Tagen vor der Expertenrunde steht der Tele-Tutor den Gruppen mit Tipps zur Mediennutzung zur Verfügung. Er kann z.B. einen Crashkurs anbieten, wie Internetseiten ohne Programmierkenntnisse erstellt werden können. Zwischendurch lädt er die Teilnehmer zu einer aktivierenden Übung in das Treffpunktforum ein. Dieses Mal sollen die Teilnehmer mit Hilfe eines Umfrageinstruments[148] jeweils eine Umfrage im Treffpunktforum starten. Der Inhalt bleibt hierbei den Teilnehmern selbst überlassen.

Während der Expertensitzung kommt dem Tele-Tutor die Aufgabe zu, den Verlauf der Sitzung zu dokumentieren, um den Studierenden später besser bei der Planung helfen zu können. Er kann z.B. eigene Ideen für eine Präsentation entwickeln, die – bei der späteren Arbeitsphase – als Hilfestellung für Gruppen dienen kann, die Probleme mit der Erstellung haben.

Die nachbereitende Sitzung gestaltet hauptsächlich der Dozent und versucht die gewonnenen Ergebnisse der Studierenden in fachliche Bahnen zu lenken. Die Studierenden sollen im Sinne der *cognitive apprenticeship* über die erworbenen Kenntnisse mit den anderen Seminarteilnehmern kommunizieren (Articulation). Dies geschieht immer im Hinblick auf die zu erstellende Abschlusspräsentation.

Da die letzten beiden Präsenzsitzungen keinen zeitlichen Raum für den Tele-Tutor lassen, findet am Ende dieser Sitzung eine Einführung in die Nutzung eines Chat-Instruments, mit Hinblick auf die abschließende Seminarevaluation, statt. Der

---

148   Viele e-Learning-Lernsysteme haben ein solches Instrument integriert, um in einen Gruppenprozess schnell über verschiedene Fragen (z.B. Termine) abstimmen zu können.

8.1.5 Durchführung

Tele-Tutor schildert in diesem Zusammenhang die Stärken der Kommunikation in einem Chat, weist aber gleichzeitig auf die Schwächen dieser Methode hin. Die Teilnehmer bekommen die sogenannte *Chatiquette*[149] ausgeteilt, um sich auf dieser Grundlage in den Arbeitsgruppen auf den ‚Evaluationschat' vorbereiten zu können.

Sitzungsblock IV

10	Erstellung der Abschlusspräsentation	Online

10. Sitzung

Die vorletzte Onlinephase beginnt der Tele-Tutor mit dem bereits bekannten Umfrageinstrument. Dieses Mal stellt er – in Zusammenarbeit mit dem Dozenten – fachliche Fragen zur Abstimmung.[150] Diese Fragen (Multiple Choice) differenzieren sich in allgemeine fachliche und spezielle, die nur von den einzelnen Gruppen beantwortet werden können.

Die weiteren Aufgaben für den Tele-Tutor liegen in der Beratung der Arbeitsgruppen, bezüglich der zu erstellenden Abschlusspräsentation. Zur Unterstützung wurde mittlerweile ein Ordner „Workshop" mit Anleitungen zur Aufbereitung von Audio-, Video- oder Textmaterialien vom Tele-Tutor angelegt. In Absprache mit den Arbeitsgruppen hat der Tele-Tutor Einblick in die bisher erstellten Arbeitsmaterialien der einzelnen Arbeitsgruppenordner. Nach einer Sichtung kommuniziert er mit den Gruppensprechern, inwieweit der Zeitplan der Gruppe eingehalten werden kann. Da die Abschlusspräsentationen über zwei Sitzungen vorgetragen werden, kann der Tele-Tutor anhand der übermittelten Statusberichte der Gruppensprecher eine Reihenfolge für die Präsentationen festlegen.

---

149 Hierbei handelt es sich um einen virtuellen ‚Knigge', ein Regelwerk, welches Verhalten in einem Chatgespräch erwünscht bzw. unerwünscht ist. Eine Liste der Regeln findet sich z.B. unter www.chatiquette.de.

150 Mit dieser Methode kann der Dozent den fachlichen Wissensstand der Seminargruppe überprüfen (Scaffolding). Eine weitere Methode, um den individuellen Wissensstand der Lernenden zu überprüfen ist, ein ‚Prüfungsgespräch' in einem Chatraum. Hierfür bekommen die Seminarteilnehmer einzelne Termine und finden sich zur Überprüfung im Chatraum ein. Diese Methode ist sicherlich nur für Wissensstandsabfragen einsetzbar, da die Manipulationsgefahr bei einer Abschlussprüfung nicht ausgeschlossen werden kann.

Sitzungsblock V

11	Präsentation der Arbeitsergebnisse I	Präsenz
12	Präsentation der Arbeitsergebnisse II Vorbereitung der Chatevaluation	Präsenz

Die Präsentation der Arbeitsergebnisse wird von den Gruppen eigenverantwortlich vorgenommen.[151] Der Tele-Tutor hat in dieser Seminarphase die Aufgabe, die Sitzungsdokumentation fortzuführen.

Zum Abschluss der zwölften Sitzung entscheidet der Tele-Tutor zusammen mit den Teilnehmern, in welcher Form die vorliegenden Präsentationen auf der Plattform integriert werden können und setzt gleichzeitig die Frist, bis wann diese Aufgabe erledigt sein muss.

Darüber hinaus konkretisiert er die Vorbereitungen für die letzte Onlinephase. Wegen der Seminargröße wird mit jeder Arbeitsgruppe ein Termin für den abschließenden Chat festgelegt. Zur Vorbereitung hat der Tele-Tutor bereits eine Liste mit *Akronymen*[152] und *Emoticons*[153] auf die Lernplattform gestellt. Diese sollen den Teilnehmern helfen, besser in die virtuelle Kommunikation einsteigen zu können bzw. erfahrenere Teilnehmer zu verstehen.

Als Aufgabe für den Chat erhält jede Arbeitsgruppe vorbereitete Fragen zur Evaluation des Seminars. Hierfür sollen die Teilnehmer bis zum Chattermin Antworten in einer Textverarbeitungssoftware, also in Form von Textbausteinen, vorformulieren.[154]

---

151 Zu dieser Phase des Seminars wird sowohl die Stufe der *Reflection* (Lernender vergleicht sein Wissen mit den anderen) als auch die abschließende Stufe der *Exploration* (Der Experte wird nicht mehr benötigt, die Lernenden sind eigenverantwortlich tätig.) erreicht.

152 Gebräuchliche Abkürzungen in virtueller Kommunikation (z.B. „ASAP" = As soon as possible, „FYI" = For your information).

153 *Emoticons* werden in virtueller Kommunikation (Chat, Email) dazu benutzt, Gemütszustände prägnant darzustellen. Eine Liste der gängigsten Varianten findet sich unter: www.qualifizierung.com/smilies.htm

154 Da die Textproduktion in einem Chat schon ab drei Personen sehr schnell ist, ermöglichen vorbereitete Textbausteine, den Teilnehmern, die nicht schnell schreiben können, trotzdem die Partizipation am Gespräch.

8.1.5 Durchführung   101

Sitzungsblock VI

13	Evaluation des Seminars via Chat	Online

13. Sitzung

Haben sich die einzelnen Gruppen zum vereinbarten Termin im Chatraum einge-
funden, begrüßen Dozent und Tele-Tutor die Studierenden, indem sie kurz schildern, welche Tagesordnung für den Chat vorgesehen ist. Ergänzungen oder Ände-
rungswünsche können im Anschluss von den Teilnehmern vorgenommen werden.
Vor dem Einstieg soll jeder seine Zustimmung zur Tagesordnung äußern.

Als einführende Methode schlägt der Tele-Tutor eine ‚Blitzlichtrunde' vor. Die
Teilnehmer sollen ein kurzes Statement (max. sieben Wörter) abgeben, was sie
sich vom Chatgespräch versprechen, wobei der Dozent und der Tele-Tutor die
ersten Beiträge – unter Verwendung von Emoticons und Akronymen – verfassen.

Im Anschluss an diese Übung beginnt der Dozent mit den Evaluationsfragen.
Die Aufgabe des Tele-Tutors gestaltet sich im Chatverlauf äußerst vielfältig. Als
‚Zeitwächter' achtet er darauf, dass die einzelnen Fragen nicht zu ausschweifend
behandelt werden. Darüber hinaus versucht er, Teilnehmer zu aktivieren, die nicht
am Gespräch teilnehmen.[155] Auch in punkto Regeln versucht er die Gesprächspart-
ner – wenn nötig – an die Chatiquette zu erinnern.

Den Abschluss der Diskussion bildet eine zweite Blitzlichtrunde, in der die
Teilnehmer ihren Eindruck vom Chatgespräch artikulieren können (max. zehn Wörter).

Als letzten Schritt speichert der Tele-Tutor die komplette Evaluationsdiskussi-
on in einer Textverarbeitung und schickt sie per Email an die Arbeitsgruppen. Die
Gruppenmitglieder können anschließend – mit einem Ausdruck dieses Protokolls
und dem eingangs abgeschlossenen Lernvertrag – ein Zertifikat über die Teilnahme am Seminar in der Präsenzsprechstunde des Dozenten abholen.

---

155 Ein Teilnehmer, der am Gesprächsverlauf nicht aktiv teilnimmt, sondern nur beobachtet, nennt
     man ‚Lurker'. Hier ist der Moderator gefragt, diesen Teilnehmer direkt anzusprechen.

8.1.6 Anmerkungen

Abschließend ist nochmals darauf hinzuweisen, dass bei der Konzeption der Lehrveranstaltung der Fokus der Betrachtung auf den Tele-Tutor und seine Aufgaben gerichtet war. Der Tele-Tutor ist in diesem Modellseminar der Koordinator des virtuellen Lernprozesses, der Bereitsteller der Mediums, sowie Betreuer und Berater für alle nichtfachlichen Fragestellungen. Der Aufgabenbereich des Dozenten, sofern dieser nicht direkt mit den Aufgaben des Tele-Tutors in Zusammenhang stand, wurde in der Konzeption des Modellseminars, wie eingangs erwähnt, vernachlässigt. Der Dozent ist jedoch nach wie vor der Hauptakteur im Prozess der Wissensvermittlung.

9 Schlussbetrachtung

„Wir handelten uns Viren ein,
alles stürzte mehrmals ab,
und wofür das alles?"
(Zitat einer Seminarteilnehmerin)

Eine Antwort auf diese Frage zu finden, war ein Ziel dieses Buches. Der Fokus der Studie war auf die spezielle Gruppe der Studierenden der Sozialarbeit/-pädagogik gerichtet, die in zwei virtuellen Seminaren tutoriell begleitet wurden.

Zentrale Erkenntnisse, die im Verlauf des Arbeitsprozesses gewonnen wurden, lassen sich in Bezug auf die eingangs aufgestellten, provokanten Thesen zusammenfassen.

Der Einsatz von e-Learning-Elementen ist mitnichten ein Ersatz für didaktische und methodische Überlegungen im Vorfeld eines Seminars. Die Untersuchung hat gezeigt, dass bei der Planung eines virtuell unterstützen Seminars – ebenso wie bei traditionellen Präsenzveranstaltungen – unterschiedliche Lerntypen berücksichtigt werden müssen, um diesen mit ihren individuellen Ansprüchen gerecht zu werden.

Auch die Methodik darf bei der Planung eines solchen Seminars nicht vernachlässigt werden. Virtuelle Seminare sind keine „Selbstläufer", die einmal in Gang gesetzt, schnelle Arbeits- und Lernergebnisse hervorbringen. Jeder Arbeitsprozess, der von den Studierenden bewältigt werden soll, muss zunächst vom Dozenten initiiert werden. Erst dadurch sind die Studierenden in der Lage, die weiteren Arbeitsschritte selbstständig durchzuführen und im Franklin'schen Sinne (vgl. Kap. 5) zu lernen.

Bis die Studierenden an diesem Punkt angelangt sind, gibt es noch einige Probleme zu bewältigen.

Auch wenn das 21. Jahrhundert als „Medienzeitalter" bezeichnet wird und Studierende in vielen Lebenssituationen selbstverständlich mit Medien umgehen, können im Umgang mit netzbasierten Lernplattformen zahlreiche Probleme auftreten, denn diese erschließen sich dem Nutzer, auch wenn dieser medienkompetent ist, nicht immer intuitiv.

In diesem Kontext erweist sich der Tele-Tutor als unverzichtbar, denn er ist in der Lage, den Studierenden zu ermöglichen, im Sinne des *Kognitivismus*, bestehendes Vorwissen in neuen Situationen und Umgebungen anzuwenden.

Das zeit- und ortsunabhängige Arbeiten hat sich nicht für alle Studierenden als vorteilhaft erwiesen. Diese Form des selbstgesteuerten Lernens erfordert von den Beteiligten ein hohes Maß an Disziplin und Motivation. Die Studierenden müssen lernen, mit der ihnen übertragenen Freiheit umzugehen, was besonders in Arbeitsgruppen gutes Zeitmanagement und Kommunikationskompetenzen erfordert.

Motivation, soweit diese nicht intrinsisch erzeugt wird, kann durch äußere Anreize, wie Kreditpunkte oder Zertifikate, extrinsisch durch den Dozenten aufgebaut werden.

Auch der Tele-Tutor kann motivierenden Einfluss auf die Arbeit der Studierenden nehmen, indem er den Arbeitsprozess im Netz beobachtet und Rückmeldungen zu den Arbeitsverläufen und -ergebnissen gibt.

In virtuellen Räumen arbeiten, bedarf der Unterstützung auf unterschiedlichen Gebieten. Zum einen benötigen die Studierenden Hilfestellung fachlicher Art, die nur der Dozent zu leisten in der Lage ist. Für Anfragen technischer Art, die sich auf das Arbeiten mit und auf der Lernplattform beziehen, ist der Tele-Tutor zuständig.

Auch wenn sich diese Aufgabenbereiche der beiden Seminarbetreuer, Dozent und Tele-Tutor, stark voneinander unterscheiden, arbeiten sie bei der Durchführung der Seminare eng zusammen. Der Dozent muss den Tele-Tutor stets über weitere geplante Arbeitsschritte unterrichten, damit dieser die virtuelle Lernumgebung gestalten kann. Der Tele-Tutor unterrichtet seinerseits den Dozenten über die Fortschritte, die auf der Lernplattform dokumentiert sind.

Darüber hinaus verfügen sowohl Tele-Tutor als auch Dozent über methodische Kenntnisse, durch die Arbeitsprozesse angeleitet und koordiniert werden können.

Wie die Untersuchung gezeigt hat, benötigen die Studierenden kontinuierliche Hilfestellung beim Arbeiten im virtuellen Raum. Auch der persönliche Kontakt zu Betreuern und Kommilitonen ist gewünscht. Auf Grundlage dieser Erkenntnisse scheinen sich die Methoden der tutoriellen Betreuung und des blended learnings im besonderen Maße für den Einsatz im Bereich der Hochschullehre zu eignen.

Im Hinblick auf die Zukunft tutorieller Betreuung ergab eine aktuelle Recherche über die Suchmaschine ‚google' zum Begriff „Tele +Tutor" 11.600! Treffer. Neben Definitionen und einfachen Namensnennungen auf Internetseiten sind unter

9 Schlussbetrachtung 105

den Treffern eine erstaunlich hohe Zahl an Ausbildungsangeboten zum Tele-Tutor bzw. Workshops für ausgebildete Tele-Tutoren zu finden. Betrachtet man in einem weiteren Schritt die dargestellten Ausbildungs- und Workshopinhalte, liegt der Fokus bei vielen Angeboten auf der „Verknüpfung von Online-Lernen und Präsenzlernen".

Die Ergebnisse dieser Recherche belegen einerseits, dass die Vereinbarkeit von Online- und Präsenzlehre weiterhin im Mittelpunkt des Interesses steht.

Andererseits wird deutlich, dass die Rolle des Tele-Tutors einer zunehmenden Professionalisierung unterliegt. Die Notwendigkeit einer fundierten Ausbildung scheint somit erkannt worden zu sein.

Abschließend lässt sich festhalten, dass die *tutorielle Betreuung* anscheinend die gesuchte Variable darstellt, um einen gelungenen Lern- und Arbeitsprozess im virtuellen Raum initialisieren und durchführen zu können.

Literatur

Arnold, Patricia: Didaktik und Methodik telematischen Lehrens und Lernens. Lernräume – Lernszenarien – Lernmedien State-of-the-Art und Handreichungen. Waxmann, Münster, 2001.

Arnold, Patricia/Kilian, Lars/Thillosen, Anne/Zimmer, Gerhard (Hrsg.): E-Learning – Handbuch für Hochschulen und Bildungszentren. Didaktik, Organisation, Qualität. BW Verlag, Nürnberg, 2004.

Arnold, Rolf /Siebert, Horst: Konstruktivistische Erwachsenenbildung. Schneider, Hohengehren, 2003.

Arnold, Rolf/Schüßler, Ingeborg: Wandel der Lernkulturen – Ideen und Bausteine für ein lebendiges Lernen. Wissenschaftliche Buchgesellschaft, Darmstadt, 1998.

Behling, Silke/Burger, Cora/Fromm, Martin/Schneider, Melanie: Grid-Interviews mit Notebook-Unterstützung. Waxmann, Münster, 2004.

Blumstengel, Astrid: Entwicklung hypermedialer Lernsysteme. Wissenschaftlicher Verlag, Berlin, 1998.

Bransford, J.D./Sherwood, R.D./Hasselbring, T.S./Kinzer, C.K./Williams, S.M.: Anchored instruction : Why we need it, and how technology can help. (S. 115-141) In: Nix, D./Spiro, R. (Hrsg.): Cognition and multimedia: Exploring ideas in high technology. Hillsdale, NJ:Erlbaum.

Bremer, Claudia/Kohl, Kerstin, E. (Hrsg.): E-Learning-Strategien und E-Learning-Kompetenzen an Hochschulen. Bertelsmann, Bielefeld, 2004.

Bruns, Beate/Gajewski, Petra: Multimediales Lernen im Netz. Springer, Heidelberg, 2000.

Bundesministerium für Bildung und Forschung: Neue Medien in der Bildung – Hochschulen. Kursbuch eLearning 2004. St. Augustin, 2004.

Coenen, Olaf: E-Learning-Architektur für universitäre Lehr- und Lernprozesse. 2. Auflage, Josef Eul Verlag, Köln, 2002.

Ehlers, Ulf-Daniel: Qualität im E-Learning aus Lernersicht – Grundlagen, Empirie und Modellkonzeption subjektiver Qualität. VS Verlag für Sozialwissenschaften, Wiesbaden, 2004.

Gudjons, Herbert/ Winkel, Rainer(Hg.): Didaktische Theorien. Bergmann + Helbig Verlag, Hamburg, 1997.

Häfele, Hartmut/Maier-Häfele, Kornelia: 101 e-Learning Seminarmethoden – Methoden und Strategien für die Online- und Blended Learning Seminarpraxis. managerSeminare, Bonn, 2004.

Hasebrook, Joachim/Otte, Mathias: E-Learning im Zeitalter des E-Commerce – die Dritte Welle. Verlag Hans Huber, Bern, 2002.

Hauswirth, Claudia: E-Learning aus hochschuldiaktischer Sicht – Rahmenbedingung – Ansätze – Qualifizierung. Dissertationsschrift, Universität Dortmund, 2005.

Hinze, Udo: Computergestütztes kooperatives Lernen, Waxmann, Münster, 2004.

HIS – Hochschul-Informations-System: E-Learning aus Sicht der Studierenden. Kurzbericht Nr. 10. Hannover, Januar, 2005.

Jechle, Thomas/Rautenstrauch, Christina: tele-Tutor-Training: E-Learning kompetent begleiten. Dokumentation 4. BIBB-Fachkonferenz, S. 3, 2002.

108 Literatur

Kandzia, Paul-Thomas/Ottmann, Thomas (Hrsg.): E-Learning für die Hochschule – Erfolgreiche Ansätze für ein flexibleres Studium. Waxmann, Münster, 2003.

Kerres, Michael: Multimediale und telemediale Lernumgebungen – Konzeption und Entwicklungen. Oldenbourg, München, 1998.

Kraus, Björn: Konstruktivismus – Kommunikation – Soziale Arbeit. Radikalkonstruktivistische Betrachtungen zu den Bedingungen des sozialpädagogischen Interaktionsverhältnisses. Carl-Auer-Systeme, Heidelberg, 2002.

Kron, Friedrich, W.: Grundwissen Didaktik: 4. Auflage, Reinhardt, München, 2004.

Mandl, Heinz/Gruber, Hans/Renkl, Alexander: Situiertes Lernen in multimedialen Lernumgebungen. S. 139. In: Issing, Ludwig J./Klimsa, Paul: Information und Lernen mit Multimedia und Internet. Lehrbuch für Studium und Praxis. 3. Auflage, Beltz, Weinheim, 2002.

Miller, Reinhold: Lehrer lernen – ein pädagogisches Arbeitsbuch. Beltz, Weinheim, 1995.

Minass, Erik: Dimensionen des E-Learning – Neue Blickwinkel und Hintergründe für das Lernen mit dem Computer. SmartBoooks, Kempten, 2002.

Neel, Ann, F.: Handbuch der psychologischen Theorien. Kindler, München, 1969.

Niegemann, Helmut M./Hessel, Silvia/Hochscheid-Mauel, Dirk/Aslanski, Kristina/Deimann, Markus/Kreuzberger, Gunther: Kompendium E-Learning. Springer, Berlin/Heidelberg, 2004.

Pape, Bernd/Krause, Detlev/ Oberquelle, Horst (Hrsg.): Wissensprojekte – Gemeinschaftliches Lernen aus didaktischer, softwaretechnischer und organisatorischer Sicht. Waxmann, Münster, 2004.

Rautenstrauch, Christina: Tele-Tutoren – Qualifizierungsmerkmale einer neu entstehenden Profession. Bertelsmann, Bielefeld, 2001.

Reuter, Irina et. al.: Telemediales Lernen: Erweiterung der Präsenzlehre durch orts- und zeitunabhängige Elemente. In: Kerres, Michael et al.: Didaktik der Notebook-Universität. Waxmann, Münster, 2004.

Riedl, Alfred: Grundlagen der Didaktik. Franz Steiner Verlag, Wiesbaden, 2004.

Roters, Gunnar /Turecek, Oliver/Klingler, Walter (Hrsg.): eLearning – Trends und Entwicklungen. VISTAS, Berlin, 2004.

Schrader, Josef: Lerntypen bei Erwachsenen – Empirische Analysen zum Lernen und Lehren in der beruflichen Weiterbildung. Deutscher Studienverlag, Weinheim, 1994.

Salmon, Gilly: E-moderating: The Key to Teaching and Learning Online. London, 2000.

Sauter, Werner /Sauter, Anette M.: Blended Learning: effiziente Integration von E-Learning und Präsenztraining. Luchterhand, Neuwied, 2002.

Siebert, Horst: Didaktisches Handeln in der Erwachsenenbildung. Luchterhand, Berlin, 1996.

Skinner, B.F.: Was ist Behaviorismus? Rowohlt, Reinbek 1978.

Swertz, Christian: Didaktisches Design – Ein Leitfaden für den Aufbau hypermedialer Lernsysteme mit der Web-Didaktik. Bertelsmann, Bielefeld, 2004.

Will, Matthias, O.: Aufbau und Nutzung einer digitalen Bibliothek in einer universitären Ausbildungsumgebung. Waxmann, Münster, 2002.

Literatur

Elektronische Quellen

http://elib.uni-stuttgart.de/opus/volltexte/1999/233/ [10.06.2006]

http://arbeitsblaetter.stangl-taller.at/LERNEN/Behaviorismus.shtml [10.06.2006]

http://elearning.phzh.ch/conference/ILIAS_Conference04_03_Baumann.pdf [27.07.2005]

http://www.learnline.nrw.de/angebote/mksu/basiseinheit.jsp?page=8,3,4,3,5 [10.06.2006]

http://www.open-steam.org/Einf%C3%BChrung/ [10.06.2006]

http://www.ub.uni-siegen.de/pub/publications/rektorat/colloq-4-99/ [10.06.2006]

http://www.skateup.de [10.06.2006]

http://cweb.uni-bielefeld.de/graessner/home/index,id,31.html [10.06.2006]

Anhang

Die der Arbeit zugrunde liegenden Interviews sind nachfolgend aufgeführt. Im Einzelnen handelt es sich dabei um Befragungen von Studierenden aus den begleiteten Seminaren und um die e-Learning – ‚up to date'Emailbefragung. Diese Umfrage wurde auf der Grundlage der im „Kursbuch eLearning 2004" beschriebenen webbasierten und multimedialen Lehrinhalte unter den jeweils dort angegebenen Kontaktpersonen durchgeführt.

Bezüglich der Gestaltung des Anhangs ist anzumerken, dass die Form der aufbereiteten Interviews dem Erhebungsort geschuldet ist. Überwiegend wurden die Interviews per Email bzw. in einem Internetforum[156] durchgeführt. Bei der Übertragung in das vorliegende Buch wurde mit größtmöglicher Sorgfalt versucht, eine einheitliche Darstellung zu erreichen.

---

156 Ort der in einem Internetforum durchgeführten Befragungen ist die Plattform http://gauge.upb.de/ siegen/qualki (passwortgeschützt)

Anhang: A-S-00

Bewertungskriterien/Anleitung
Liebe Teilnehmerinnen und Teilnehmer des „Qualkiseminars"!

Abschließend steht nur noch die Bewertung des Seminars an. Sie haben die Möglichkeit, eine öffentliche Bewertung vorzunehmen, dass heißt hier im Forum einen neuen Beitrag hinzuzufügen oder die Antworten per email an mich zu senden. Welche Variante Sie wählen, bleibt Ihnen überlassen.
Nun zur Bewertung:

Bewertungskriterien: „sehr gut", „gut", „befriedigend", „schlecht", „Teils/teils"

Fragen:
1. Seminaratmosphäre
2. studentische Beiträge/Referate
3. Dozenteninput
4. Theoriegehalt
5. Praxisbezug
6. Didaktische Planung und Umsetzung

Offene Fragen:

1. Ihre Erfahrungen mit Qualitätsmanagement und Anregungen für weitere Seminare zum Themenbereich
2. Wie hat sich ihr Lernstil bzw. -rhytmus durch die e-Learning-Umgebung verändert?
3. In welchen Feldern/Bereichen der Sozialen Arbeit könnten Sie sich den Einsatz von e-Learning-Systemen vorstellen?
4. Was würden Sie sich im Bereich e-Learning für den Studiengang Integrierte Sozialarbeit/-pädagogik (ISPA) für zukünftige Seminare wünschen?

Unter die beantworteten Fragen setzen Sie bitte Ihren Namen und Ihren „Nickname" für *Open sTeam*".

Beste Grüße

Dozent und Tele-Tutor

Anhang   113

Anhang: A-S-01

Seminarbewertung

1. Seminaratmosphäre: „Sehr gut"
2. Studentische Beiträge/Referate: „Sehr gut" bis „Gut"
3. Dozenteninput: „Sehr gut"
4. Theoriegehalt: „Sehr gut"
5. Praxisbezug: „Sehr gut"
6. Didaktische Planung und Umsetzung: „Gut"

Offene Fragen:

1. Erfahrungen zum Qualitätsmanagement und Anregungen für weitere Seminare zum Themenbereich

Während meines Anerkennungsjahres als Erzieherin war ich in einer Einrichtung tätig, die in die nationale Qualitätsinitiative (Qualitätskriterienkatalog) eingebunden war. Durch das Seminar hat sich mein Blickwinkel nochmals deutlich erweitert. Hinsichtlich weiterer Seminare erscheint mir als sinnvoll, entweder die Komplexität des „Qualki"-Seminars zu reduzieren (bei Kompaktform) - oder mindestens 2 Wochenenden hierfür einzuplanen, um den dauerhaften Transfer des Stoffes in die studentischen Köpfe zu gewährleisten.

Neben dem langwierigen Bewertungsprozeß (Frist zum Einstellen des Materials in *Open sTeam* zu weit vom Seminar entfernt) war für mich die inhaltliche Fülle - für ein Kompaktseminar am Ende des Semesters - z. T. schwer zu bewältigen.

2. Mein Lernstil hat sich durch die e-Learning-Umgebung nicht verändert, der Rhythmus war eher „terminorientiert". Ich könnte mir vorstellen, daß ein virtuelles Seminar über ein Semester wahrscheinlicher adaptiv wirkt.

3. Grundsätzlich möchte ich keinen Bereich ausschließen. Die entsprechenden Kenntnisse/Fertigkeiten vorausgesetzt, ist e-Learning eine universelle Plattform.

4. Auf jeden Fall für alle Teilnehmenden eine einführende Schulung, damit Probleme bereits im Vorfeld behoben und Frustrationen vermieden werden können.

Anhang: A-S-02

Seminarbewertung

Fragen:

1. sehr gut
2. gut
3. gut
4. gut
5. teils/teils
6. befriedigend

Offene Fragen:

1. Ich habe noch keine Erfahrung mit QM. Mich hat das Thema des Seminars aber persönlich interessiert, wei ich eine fast 3jährige Tochter habe, die im Sommer eine Kindertagesstätte besuchen wird. Ich würde mir für weitere Seminare dieses Themenbereiches mehr Praxisbezug wünschen.

2. Ich fand ganz gut, daß ich meine Zeit frei einteilen konnte und unabhängig von den anderen Teilnehmern und der Uni als Gebäude arbeiten konnte. Weil ich aber in Sachen Computer eine Anfängerin bin, war ich einfach nur froh, daß ich da irgendwie durchgekommen bin. Es hat aber auch Spaß gemacht, wenn mal etwas direkt geklappt hat. Für mich war es also sehr Zeitaufwendig.

3. Ich denke, daß ist in vielen Bereichen möglich. Es müsste nur eine GRÜNDLI-CHE Einarbeitung vorweg stattfinden. Ohne die Einarbeitung ist eine effektive Arbeit damit wohl kaum möglich.

4. Wie gesagt, eine gründliche Einarbeitung! Die Zeitspanne zwischen dem Kompaktseminar und der Möglichkeit Wochen später im Forum zu arbeiten, war zu groß.

Anhang 115

Anhang: A-S-03

Seminarbewertung

Fragen

1. Seminaratmosphäre - sehr gut
2. studentische Beiträge/Referate - gut
3. Dozenteninput - gut
4. Theoriegehalt - sehr gut
5. Praxisbezug - teils/teils
6. Didaktische Planung und Umsetzung - gut

Offene Fragen:

1. Ihre Erfahrungen mit Qualitätsmanagement und Anregungen für weitere Seminare zum Themenbereich

Ich mache zur Zeit ein Praktikum in einer Kindertagesstätte, die nach dem Situationsansatz (Kronberger Modell) arbeitet. Ich bin auch seit einiger Zeit an der dialogischen Arbeit beteiligt. Für mich eine sehr große Herausforderung, aber auch ein sichtbarer Erfolg bleibt nicht aus. Für mich persönlich das Modell der Zukunft für Kindertagesstätten.

Vielleicht sollten einige praktische Umsetzmöglichkeiten und eventuelle Erfolge in der Praxis dargestellt werden, um zu zeigen, dass nicht alle Kindergärten mehr Regeleinrichtungen sind.

2. Wie hat sich ihr Lernstil bzw. -rhytmus durch die E-learning-Umgebung verändert?

Leider kaum. Ich hatte vor allem in letzter Zeit keine Zeit, mich darum zu kümmern. Außerdem ist zwischen dem Seminar und den Abschlussbefragungen zu viel Zeit vergangen. Rhythmus gab es keinen bei mir persönlich. Die verschiedenen Workarenas waren mir zu verwirrend.

3. In welchen Feldern/Bereichen der Sozialen Arbeit könnten Sie sich den Einsatz von E-learning-Systemen vorstellen?

Mit gründlicherer Einarbeitung sicherlich in sehr vielen, vielleicht sogar allen!

4. Was würden Sie sich im Bereich e-Learning für den Studiengang ISPA für zukünftige Seminare wünschen?

Eine gründlicherere Einarbeitung und ein übersichtlicheres Forum mit weniger seltsamen Buttons (z.B. Rucksack).

Insgesamt war ich mit dem Seminar sehr zufrieden und fand es zu meinen Praxiserfahrungen eine sehr gute Ergänzung!

Anhang: A-S-04

Seminarbewertung

Antworten:
1. Seminaratmosphäre - sehr schön
2. studentische Beiträge/Referate - gut
3. Dozenteninput - gut
4. Theoriegehalt - gut
5. Praxisbezug - befriedigung
6. Didaktische Planung und Umsetzung - gut/befriedigend

Antworten:

1. Ihre Erfahrungen mit Qualitätsmanagement und Anregungen für weitere Seminare zum Themenbereich?

- mir hat das Seminar sehr gut gefallen, allerdings war der Stoff doch sehr intensiv. Ggfls. könnte man noch einen Tag dazunehmen, dafür die einzelnen Tage aber kürzer gestalten damit sich der Stoff etwas mehr verteilt. Das Thema an sich hat mich sehr interessiert, dafür hat mir aber etwas der Praxisbezug gefehlt, da ich doch nicht wirklich aus dem Fachgebiet bin.

2. Wie hat sich ihr Lernstil bzw. -rhytmus durch die e-Learning-Umgebung verändert?

- gar nicht, dafür war die Einarbeitung nicht intensiv genug. Für mich war es eher aufwendig mich damit auseinander zusetzen, weil ich mich nicht so gut damit zurecht gefunden habe. Hätte zu Beginn mehr Anleitung gebraucht.

3. In welchen Feldern/Bereichen der Sozialen Arbeit könnten Sie sich den Einsatz von E-learningsystemen vorstellen?

- grundsätzlich in Allen. Die Idee ist eigentlich richtig gut, da man zeitlich unabhängig voneinander arbeiten kann und doch alle Materialien einzusehen sind. Allerdings ist eine genauere Einführung/Anleitung schon notwendig.

4. Was würden Sie sich im Bereich e-Learning für den Studiengang ISPA für zukünftige Seminare wünschen?

- mehr Vorbereitung/Einführung

Insgesamt betrachtet aber ein sehr schönes/interessantes Seminar! Und ich bin auch um einige Erfahrungen weiter in Sachen e-Learning - fürs nächste Mal weiß ich eher wie's funktioniert!

Anhang: A-S-05

Seminarbewertung

1. sehr gut
2. sehr gut bis gut
3. gut
4. gut
5. gut bis befriedigend
6. sehr gut bis gut

Offene Fragen:

1. Das Seminar fand ich sehr gut und informativ. Das Thema ist sehr aktuell, in vielen Einrichtungen wird sehr viel Wert auf Qualität gelegt, davon wird viel geredet, diskutiert. Leider findet keine Umsetzung statt, sind keine Veränderungen in Sicht. Deswegen als Tipp: Im Seminar die Umsetzung der Qualitätsarbeit genau zu besprechen (z.B. Was kann ich als Fachkraft, Eltern genau tun?)

2. Mein Lernstil hat sich eigentlich nicht verändert, nur dass es viel Zeit in Anspruch genommen hat immer die richtige Seite zu öffnen und sich hier zu Recht zu finden.

3. Als Idee finde ich e-Learning für jedes Seminar geeignet, bietet gute Vor- und Nachbereitungschance.

4. Wichtig ist, dass zuerst Einführungsseminare in dem Bereich statt finden (bessere Anleitung, Erklärung).
Ich finde, dass wenn man sich für e-Learning entscheidet, dann müssen auch die Teilnehmer früher informiert werden (dann hätte man sich auch über das Programm in den Gruppen austauschen können). Und die Termine sollten eingehalten werden, alle Beiträge waren ziemlich spät da.

Anhang 119

Anhang: A-S-06

Seminarbewertung

1. Sehr gut
2. Gut bis befriedigend
3. Gut
4. Gut bis befriedigend
5. Gut
6. Gut

Offene Fragen:

1. Der Aufbau und die Durchführung des Seminars hat mir gut gefallen, aber es war schade das eine hohe Computerkenntnis vorausgesetzt wurde.

2. Mein Lernstil hat sich durch e-Learning nicht verändert.

3. Diese Frage kann ich leider nicht beantworten.

4. Wünschenswert wäre wenn im Kommentierten Vorlesungsverzeichnis visuelle Seminare besonders gekennzeichnet sind, damit jeder weiß worauf er sich einlässt.

Anhang: A-S-07

Betreff: Onlineeinführung für die Teilnahme am Seminar: „Qualitätsinstrumente in Kindertagesstätten"

Liebe Teilnehmerinnen und Teilnehmer,

Sie haben sich für das Seminar „Qualitätsinstrumente in Kindertagesstätten" angemeldet, welches am 13. und 14. Dezember im Raum AR-H 305/1, als Kompaktseminar stattfinden soll.

Um die Kommunikation zwischen den Arbeitsgruppen zu erleichtern, haben wir einen Onlinebereich für Sie eingerichtet. Der Vorteil dabei ist die Umgehung der stets schwierigen Terminfindung unter den Gruppenmitgliedern. Sie können von zu Hause – so Sie über einen Internetanschluss verfügen – mit Ihren Gruppenmitgliedern kommunizieren und sich austauschen.

Wie werden Sie arbeiten?

Die Plattform heißt „Open sTeam" und stellt bildlich gesprochen einen „Schreibtisch" dar, den Sie – genauso wie Ihre Arbeitsumgebung zu Hause – nach Ihren Wünschen und Vorgaben gestalten können. Jede Teilnehmerin und jeder Teilnehmer erhält einen eigenen Arbeitsbereich (wie das geht, s. „Wie melde ich mich an?"). Dieser Arbeitsbereich enthält Verknüpfungen zu einzelnen Ordnern, in denen sich Arbeitsmaterialien für das Seminar befinden. Darüber hinaus sind bereits Ordner für Ihre jeweilige Arbeitsgruppe eingerichtet. In diesen Arbeitsgruppenordnern gibt es ein Forum für die Mitglieder Ihrer Gruppe.

Diese Plattform soll dazu dienen, Ihren Lernrhythmus Rechnung zu tragen, d.h., Sie können selber entscheiden, wann Sie ins Netz gehen und die Aufgaben bearbeiten und Sie können spontan ein Treffen im virtuellen Arbeitsbereich mit Ihren Gruppenmitgliedern ausmachen und bisher erarbeitete Informationen austauschen.

Wie melde ich mich an?

Die Anmeldung erfolgt über folgenden Link: http://www.gauge.upb.de/siegen/qualki
Dort befindet Sie unter dem Menüpunkt „Anmeldung" das Formular für die Registrierung im System. !!!Achtung!!! Bitte suchen Sie sich den „Nickname" und das „Passwort" sorgfältig aus und notieren Sie es sich. Es kann später nicht mehr geän-

Anhang 121

dert werden. Wer sich also den Nicknamen „Kübelböck" gibt, wird fortan auch unter diesem Namen im System erscheinen.

Nach der Anmeldung gehen Sie bitte oben links auf den Button „back". Wieder auf der Startseite angelangt, können Sie nun über Button „Login" Ihren Nickname und Ihr Passwort eingeben und einen ersten Blick in Ihren Arbeitsbereich werfen.

Achtung: Es kann sein, dass sich **vor** oder **nach** dem Login ein Fenster namens „Sicherheitswarnung" öffnet. Wenn ja, wählen Sie bitte die Option „JA" und setzen den Login fort.

Wenn der Login funktioniert hat, wird sich die Arbeitsumgebung von „Open sTeam" aufbauen.

Im Ordner „Arbeitsaufträge/Materialien" befindet sich bereits eine „Bewertungsmatrix" des Dozenten, die Ihnen bei der Analyse der einzelnen Instrumente helfen soll. Die weiteren – für Sie wichtigen – Funktionen finden Sie in der Arbeitsumgebung. Sie können das Dokument dort mit einem Haken markieren und danach unten im Auswahlfenster „Objekt aufnehmen", „runterladen" einstellen und rechts daneben auf OK drücken. Daraufhin startet der Download automatisch.

Wo gibt es Hilfe?

– Für Probleme gibt es das Forum, „Fragen an den Tutor", in dem Sie direkt mit mir Kontakt aufnehmen können.
– Zusätzlich werde ich demnächst eine „Onlinesprechstunde" anbieten, die Zeiten dafür gebe ich Ihnen dann in der Onlineumgebung bekannt.
– Sie können mich aber auch per Email erreichen.

Über die weitere Vorgehensweise werden der Dozent und ich Sie über die Plattform informieren.

Ich wünsche Ihnen einen problemlosen Zugang und freue mich auf die Zusammenarbeit mit Ihnen.

Bis dahin

Ihr Tele-Tutor

PS: Die „Chatfunktion" (oben rechts) in „Open sTeam" ist leider von den Entwicklern noch nicht fertiggestellt, weshalb Sie auf die asynchrone Kommunikation über das Forum zurückgreifen müssen.

Anhang: A-S-08

Die wichtigsten Funktionen von „Open sTeam"

Wenn Sie sich eingeloggt haben, sehen Sie die Seminarumgebung mit den verschiedenen Ordnern (Containern), verschiedene Foren und einen Link zur Startseite. Diese Elemente können Sie ebenso wie ich anlegen. Sie müssen nur zwei wichtige Dinge beachten. Es gibt verschiedene „Areale" auf denen Sie sich bewegen. Das Seminarareal „Qualki" und das „persönliche Areal".
Auf das persönliche Areal haben nur Sie Zugriff. Sie können es mit einem „Schreibtisch" vergleichen, den Sie nach Ihren Bedürfnissen Container bzw. Dokumente anlegen können.
Im „Qualki-Areal" sollten Sie nur im Container Ihrer Arbeitsgruppe Objekte anlegen. Was Sie dort anlegen, ist sofort für alle Mitglieder Ihrer Arbeitsgruppe sichtbar und kann somit bearbeitet oder runtergeladen werden. Darüber hinaus hat jede Arbeitsgruppe die Möglichkeit, im jeweiligen Arbeitsgruppencontainer ein Forum einzurichten, um z.b. ein „Brainstorming" zu starten oder den nächsten Treffpunkt zu fixieren.

Zu den einzelnen Buttons:

Ganz oben rechts befindet sich Ihr „Homebereich", d.h. ein verschwommenes Bild mit Ihrem Nickname darunter, ein Rucksack, eine Mailbox und ein Haus. Das verschwommene Bild zeigt Ihr Profil an. Sie können dort ein eigenes Bild einstellen und Kontaktdaten eingeben. Das Haussymbol ist eine Verbindung in Ihr persönliches Areal. Auf dieses Haus haben Sie jederzeit Zugriff. Die Funktionen von Rucksack und Mailbox werden anschließend beschrieben.

Registerreiter **„Navigation"**: Rückkehr zum Ausgangspunkt, also der Übersicht mit den Seminarordnern (Sollten Sie mit diesem Button einmal nicht zum gewünschten Punkt geleitet werden, können Sie auch den „zurück-Button" Ihres Browsers benutzen.

Registerreiter **„Suche"**: Sollten Sie gezielt nach einem Dokument suchen, können Sie unter der Suchfunktion ein Stichwort eingeben, um schneller ans Ziel zu kommen (Sie können nur nach Dokumenten suchen, die sich in Open sTeam befinden und deren Namen Sie kennen).

Registerreiter **„Rucksack"**: In den Rucksack können Sie Dokumente verschieben, um Sie an anderer Stelle „fallen zu lassen". Sie können diese Funktion mit einem „Zwischenspeicher" vergleichen.

Registereiter **„Mailbox"**: Über die Mailbox können Sie erfahren, ob Ihnen ein anderes Seminar- oder Gruppenmitglied eine Mail geschickt hat. Sie selbst können auch an andere Mitglieder Emails verschicken. Dieses Nachrichten werden nur innerhalb des Open sTeam-Systems versand. Wünschen Sie eine Benachrichtigung auf Ihrer privaten Emailadresse, so müssen Sie diese Option in Ihrem Profil ankreuzen.

Registereiter **„Gruppen"**: Hier können Sie sehen welche Gruppen sich insgesamt auf dem Server befinden. Da wir aber keinen Zugang zu diesen Gruppen haben, ist diese Funktion zu vernachlässigen.

Anhang

Sie können erkennen, dass es einige Funktionen gibt, die doppelt vorkommen. Die Umgebung ist also nur scheinbar kompliziert aufgebaut, sondern birgt verschiedene Wege ans ‚Ziel' zu kommen.

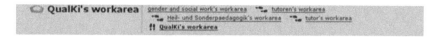

Die Metapher der „Fußspuren" zeigen Ihnen, welche Wege Sie zuletzt gegangen sind.

„**Inhalt**": Rückkehr zum Ausgangspunkt, also der Übersicht mit den Seminarordnern.

„**Eigenschaften**": Wenn Sie ein Dokument o.ä. angelegt haben und im Nachhinein eine Änderung am Namen vornehmen möchten, haben Sie unter dieser Funktion die Möglichkeit.

„**Aktionen**": Hier haben Sie die Möglichkeit z.B. Dokumente „aufzunehmen", zu „kopieren", etc. Diese Funktion ist kongruent mit den Funktionen im „Scrolldownmenü", die weiter unten beschrieben sind.

„**Kommentare**": Hinter diesem Punkt befindet sich ein fest installiertes „Forum".

„**Rechte**": Hier ist es möglich, anderen NutzerInnen bestimmte Rechte zu geben. Diese Funktion steht nur dem Administrator zur Verfügung.

 Das Arealzeichen stellt eine Verbindung in ein anderes Areal her, in diesem Fall zum Areal „web", wo sich die Startseite zur Veranstaltung befindet, dort hat nur der Administrator Zugriffsrechte.

Es ist also durchaus möglich ein neues Areal anzulegen. Dies sollte allerdings nicht auf der allgemeinen Seminarebene geschehen, sondern z.B. im Arbeitsgruppencontainer oder in Ihrem persönlichen Areal.

Mit der Option neue Verbindung können Sie dann eine „Abkürzung" anlegen, d.h., Sie können direkt zu verschiedenen Arealen springen, ohne vorher navigieren zu müssen.

Das ist der Startpunkt nach dem Einloggen ins System:

Ordner bzw. Container, in dem Materialien lagern bzw. Verzweigungen zu anderen Containern.

Wenn Sie z.B. einen empfehlenswerten Link für Ihre Gruppenmitglieder haben, können Sie anhand dieses Symbols einen Link in Ihre Arbeitsumgebung einfügen.

Hinter diesem Symbol versteckt sich ein Forum. Es gibt bereits Foren auf der allgemeinen Ebene und in Ihrem Gruppenordner.

Anhand dieser Symbole können Sie selbstständig neue Dokumente anlegen bzw. bestehende Hochladen, neue Container anlegen, neue Foren gründen und neue Links erzeugen.

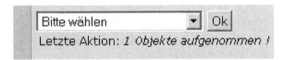

Der oben bereits beschriebene Registerreiter „Aktionen" ist hier als „Scrollmenü" umgesetzt worden, d.h. wenn Sie ein Symbol in der Übersicht mit einem Häkchen markieren, können Sie hier auswählen was mit diesem Objekt geschehen soll. Darunter befindet sich ein „Wasserstandsmelder", der Ihnen die letzte durchgeführte Aktion anzeigt.

Anhang 125

Anhang: A-S-09

Emailkorrespondenz der Teilnehmer des „Qualki"-Seminars mit dem Tele-Tutor

- „Ich finde die Art wie der Dozent das Seminar gemacht hat gut. Immer wieder Aufgaben zu stellen, motiviert mich ins System zu gehen."
- „Open sTeam finde ich total Klasse!"
- „Also ich finde mich mit dem o. g. Programm nicht zurecht. Ich finde es erfordert viel Zeitaufwand, ebenfalls wenn ich mir Dokumente ansehen möchte, erscheint immer wieder eine neue Anmeldung. Nicht nur die Anmeldung sondern man muß hoffen, daß man ins Team aufgenommen wird. Bisher habe ich bzgl. der Arbeitsaufgabe auch noch nicht wirklich brauchbares gefunden, es war höchstens ineffektiv, denn die Zeit ist weg und es hat einem kaum etwas genutzt. Vor allem hat dieses Programm noch nicht einmal einen Logout Button, der Chat funktioniert auch nicht, also ich weiß nicht. Dieses Programm mag sicherlich für einige eine gute Idee sein, jedoch sicherlich nicht für alle. Man kann sich auch per E-mail absprechen, es gibt den Yahoo Messanger, worüber man kommunizieren kann. Also die wirkliche Funktion dieses Programms habe ich noch nicht verstanden. Vor allem sind dort noch alte Aushänge drin, über Kompaktseminare, die schon längst stattgefunden haben."
- „Ich habe es geschafft (HOFFENTLICH!!!!). Sie hatten natürlich recht, ich mußte mich noch mal neu anmelden, habe das aber mit einem neuen Nicknamen + neues Kennwort getan, anders ging es nämlich nicht. Ich möchte Sie nun bitten nachzuschauen, ob meine Ausarbeitung nun wirklich drin ist. Wenn immer noch nicht, dann ziehe ich alles auf Diskette und komme bei Ihnen vorbei. Wenn alles geklappt hat, kann ich entspannt ins Wochenende gehen...
Es wäre schön, wenn Sie mir noch heute zurückschreiben könnten, weil ja am Montag alles endgültig fertig sein muß. Ich bedanke mich bei Ihnen für die Unterstützung + Geduld und werde Ihre Hilfe bestimmt auch weiterhin in Anspruch nehmen müssen."

Anhang: A-H-00

Seminarevaluation:

1. Was hat Sie an dem Seminarthema interessiert bzw. was gab den Ausschlag an diesem Seminar teilzunehmen?

2. Skizzieren Sie noch einmal kurz die Arbeitsaufgabe in Ihrer Arbeitsgruppe.

3. Wie verlief die Arbeit in Ihrer Gruppe (Gruppenfindung, Aufgabenverteilung, etc.)?

4. Wie verlief der Gruppen- bzw. Arbeitsprozess?

5. Welche Problemfelder ergaben sich bei der Bearbeitung des Themas?

6. Welche technischen Schwierigkeiten traten auf?

7. Wie kamen Sie mit dem Zeitmanagement zurecht, d.h. was für Vor- bzw. Nachteile bringt die Freiheit, sich die Zeit selbst einteilen zu können?

8. Welche Tipps und Anregungen haben Sie für zukünftige Seminare?

9. In welchen Bereichen der Sozialen Arbeit können Sie sich e-Learning-Seminare vorstellen bzw. in welchen nicht?

Anhang: A-H-01

Seminarevaluation:

1. Was hat Sie an dem Seminarthema interessiert bzw. was gab den Ausschlag an diesem Seminar teilzunehmen?

Ausschlaggebend, am Seminar teilzunehmen, war mein Interesse am Vergleich der Sozialen Arbeit im Ausland zu der in Deutschland.

2. Skizzieren Sie noch einmal kurz die Arbeitsaufgabe in Ihrer Arbeitsgruppe.

- Siehe oben -

3. Wie verlief die Arbeit in Ihrer Gruppe (Gruppenfindung, Aufgabenverteilung, etc.)?

Meine Kommilitonin konnte ich bereits aus anderen Seminaren - während des Blockseminars haben wir uns entschlossen, das oben genannte Thema zusammen zu bearbeiten, weil wir beide Interesse daran hatten. Weil sie eher Kontakte zu Bulgarien hat, beschäftigt sie sich mit dem bulgarischen Hochschulstudiengang und ich mich mit dem niederländischen.

4. Wie verlief der Gruppen- bzw. Arbeitsprozess?

Zum Arbeitsprozess: Wir haben die Vorgehensweise der Aufgabenbearbeitung besprochen und teilten uns in Abständen den Stand unserer Recherchen mit.

5. Welche Problemfelder ergaben sich bei der Bearbeitung des Themas?

Problem war die Überwindung der sprachlichen Barrieren. Viele Informationen sind nur über niederländische Internetseiten zu erhalten. In englischer Sprache gibt es meist nur kurze Übersichten. Ich habe vorwiegend niederländische Seiten als Informationsquelle genommen, die ich mit Hilfe eines Wörterbuchs bearbeitet habe. Bevor Informationen über die Studiengänge und deren Inhalte gegeben werden können, ist es erforderlich, sich mit dem niederländischen Hochschulsystem auseinander zu setzen, das sich deutlich von dem deutschen unterscheidet.

128 Anhang

6. Welche technischen Schwierigkeiten traten auf?

- keine Angabe -

7. Wie kamen Sie mit dem Zeitmanagement zurecht, d.h. was für Vor- bzw. Nachteile bringt die Freiheit, sich die Zeit selbst einteilen zu können?

Ich habe zunächst andere Hausarbeiten geschrieben, bei denen ein fester Abgabetermin angegeben war. Die Freiheit bringt den Vorteil, ohne Zeitdruck zu arbeiten und sich eingehender mit dem Thema zu beschäftigen - birgt aber auch die Gefahr, sich zu „verzetteln".

8. Welche Tipps und Anregungen haben Sie für zukünftige Seminare?

Da uns die Arbeit des e-Learning noch fremd ist, würde ich raten, ein längeres Einführungsseminar zu diesem Thema zu geben.

9. In welchen Bereichen der Sozialen Arbeit können Sie sich e-Learning-Seminare vorstellen bzw. in welchen nicht?

Ich kann mir vorstellen, dass e-Learning-Seminare für größere Student/innen-Gruppen geeignet sind. Für kleinere Gruppen ist es weniger günstig, da man sich schneller privat per Treffen, Telefon und durch private e-mail austauschen kann.

Bei vielen Teilnehmer/innen ist es vorteilhaft, die Fülle von Informationen zu bündeln und einzelne Arbeitsschritte fest zu halten. Fragen müssen nicht direkt beantwortet werden, sondern es können erst Informationen eingeholt werden. Allerdings besteht die Gefahr, dies „auf die lange Bank" zu schieben.

Ich kann mir vorstellen, dass e-Learning-Seminare dort sinnvoll sind, wo es vor allem auf Vermittlung von Sachinhalten ankommt und wo es sinnvoll ist, visualisierte Informationen zu geben. Weniger gut erscheint mir diese Art des Lernens für Themen, wo es auf Kommunikation ankommt, wie z. B. bei psychologischen Seminaren, in denen Themen mit Praxisbezug behandelt werden (z. B. Beratungsseminare).

Anhang 129

Anhang: A-H-02

Seminarevaluation:

1. Was hat Sie an dem Seminarthema interessiert bzw. was gab den Ausschlag an diesem Seminar teilzunehmen?

Wichtig war natürlich für mich das Angebot als Kompaktseminar, interessant fand ich die Kombination mit den Gastprofessorinnen, und ich habe mir vorgestellt, dass es ein virtuelles Seminar geben wird. Ich habe mich bis dahin nie mit dem Thema „Gender" befasst, glaube aber jetzt alle Universitäten zu kennen, die es in Deutschland gibt (erstaunlich, was sich da tut).

2. Skizzieren Sie noch einmal kurz die Arbeitsaufgabe in Ihrer Arbeitsgruppe.

Kann ich eigentlich nicht mehr. Ich kann mich jedoch erinnern, dass ich ziemlich hilflos das Seminar verlassen habe, und nicht recht wusste, wie die Arbeit aussehen sollte.

3. Wie verlief die Arbeit in Ihrer Gruppe (Gruppenfindung, Aufgabenverteilung, etc.)?

Wenn man die Frage auf das virtuelle Seminar an sich bezieht - bescheiden - . Die Gruppenfindung fand eigentlich in aller Kürze während des „Realseminars" statt. Es blieb nur eine kleine Gruppe übrig,die einen Schein machen wollten. Die Aufteilung wurde noch im Seminarraum getätigt, wobei einige Seminarteilnehmerinnen - unabhängig von einem Leistungsnachweis - ihre Mitarbeit signalisierten. So schlossen wir (zwei Personen) sich telefonisch wie auch per Email kurz, und besprachen das Thema, wie es aussehen könnte, und nach ersten Recherchen kam automatisch eine Aufteilung zustande. Ideen wurden telefonisch ausgetauscht, ebenso über eine mögliche Gliederung gesprochen.

4. Wie verlief der Gruppen- bzw. Arbeitsprozess?

Der Gruppen- und Arbeitsprozess verlief bis jetzt sehr gut, wobei wir uns die Freiheit eines persönlichen Layouts gelassen haben, so sind auch wir untereinander gespannt, was jeweils die Andere auf die Beine gestellt hat.

130 Anhang

5. Welche Problemfelder ergaben sich bei der Bearbeitung des Themas?

Zunächst war uns die Aufgabenstellung und Sinnhaftigkeit nicht ganz klar, warum einen Studienführer erstellen (?). Bis sich ein ungefähres Bild, was sich die Professorinnen wohl dabei gedacht haben könnten, abzeichnete, ging einige Zeit ins Land, und ich war nicht nur einmal versucht, alles hinzuschmeißen.

6. Welche technischen Schwierigkeiten traten auf?

Die allerschlimmsten technischen Schwierigkeiten entstanden bei der Recherche in Bulgarien. Wir handelten uns Viren ein, alles stürzte mehrmals ab, und wofür das alles? Schlechte Homepages (wenn sie sich überhaupt öffnen ließen), viele Anfragen an die dortigen Universitäten, die bis auf eine (die NBU in Sofia antwortete nach 3 Wochen) unbeantwortet blieben. Die Hoffnung, dass vielleicht Hilfe von Prof. Popova oder den anderen Seminarteilnehmerinnen komme, wenigstens ein Lebenszeichen, erstarb dann auch ziemlich schnell. Von daher kann ich jetzt zwar sagen, wo man Sozialarbeit studieren kann, aber wie die Struktur ist, usw.....???? Ich weiß auch wo Genderprogramme angeboten werden, oder dass man darin promovieren kann. Es reicht aber nicht, ich würde es sicherlich hinbekommen, jedoch mit einem Zeitaufwand, der in keinem Verhältnis mehr zu der schon bisherigen Arbeit und Ergebnis steht. Zudem war das Projekt als Aufgabe für eine größere Gruppe gedacht, ich merke jedenfalls, dass die Arbeit bis jetzt der Wahnsinn war und noch ist und man am Ende dies wahrscheinlich gar nicht merkt. Aber es hatte auch viele positive Aspekte, nämlich, Arbeiten am und mit dem Computer zu lernen, Dinge, die ich vor ein paar Monaten noch nicht konnte. Das brachte Spaß mit sich, und auch Wissen über „Gender".

7. Wie kamen Sie mit dem Zeitmanagement zurecht, d.h. was für Vor- bzw. Nachteile bringt die Freiheit, sich die Zeit selbst einteilen zu können?

Für mich viele Vorteile, da ich meistens nur Abends und am Wochenende arbeiten kann (ich habe zwei kleine Kinder und bin 50 % berufstätig). Jetzt z.B. sitze ich seit ca. 20.00 h am Computer und arbeite. Nachteil ist, dass ich es oft körperlich nicht mehr geschafft habe, und mich meine Selbstdisziplin verließ. Die Arbeit habe ich unterschätzt und praktisch 4 Wochen zu spät begonnen.

Anhang 131

8. Welche Tipps und Anregungen haben Sie für zukünftige Seminare?

Das Seminar hätte m.E. mehr Struktur im virtuellen Raum seitens der Professorinnen benötigt. Ich glaube, dass keine Motivation des Mitarbeitens von Kommilitoninnen, die praktisch keinen persönlichen Gewinn haben, besteht. Bei einem anderen virtuellen Seminar war meine Erfahrung anders. Eine Mitarbeit und Teilnahme am Seminar wurde von dem Professor erwartet und konnte auch nachgeprüft werden. Wenn jemand über einen längeren Zeitraum nicht mitgearbeitet hat, wurde er ausgeladen. Dies ist sicherlich ein sehr schulisches Prinzip, und man könnte von Erwachsenen vielleicht etwas anderes erwarten, aber es hat funktioniert. Also da mehr Struktur und Forderung an uns, umgekehrt mehr Mitarbeit durch die Professorinnen (es ist demotivierend, wenn man keine Antwort bekommt) - aber vielleicht lag das auch am Ausland!

Was mir noch schwerfiel, ich habe meine recherchierten Informationen hier zu Hause gesammelt, vieles ausgedruckt und konnte nicht so recht den Sinn erkennen, die Informationen ins Netz zu stellen. Aber vielleicht bin ich da auch einfach etwas unerfahren.

9. In welchen Bereichen der Sozialen Arbeit können Sie sich e-Learning-Seminare vorstellen bzw. in welchen nicht?

- keine Angabe -

Anhang: A-H-03

Seminarevaluation:

Vorab: lassen Sie es sich damit bitte nicht verleiden, da es meiner persönlichen Erfahrung nach mit neuen Medien immer etwas dauert. Ein schlechtes Gewissen habe ich nicht, bin aber enttäuscht über die Resonanz gegen Null.

1. Was hat Sie an dem Seminarthema interessiert bzw. was gab den Ausschlag an diesem Seminar teilzunehmen?

Als berufsbegleitend studierende und Neuling in Siegen war der Aufbau für mich eigentlich ideal. Die Aktualität im Rahmen der EU-Erweiterung (Blick nach Osten) finde ich nach wie vor gegeben. Das Seminar in Siegen empfand ich als Einleitung anspornend. Die Vergleiche der Systeme und Historie finde ich befruchtend für neue Konzeptideen. „gender" war für mich fokussierend, nicht ausschlaggebend.

2. Skizzieren Sie noch einmal kurz die Arbeitsaufgabe in Ihrer Arbeitsgruppe.

Eigentlich wollten wir (3) im Ergebnis eine jeweilige Werbung auf der Basis aktueller Entwicklungen und Historie im Bereich Sozialer Arbeit für die jeweiligen Länder (Aufhänger: Kongress) als Ergebnis vorlegen.

3. Wie verlief die Arbeit in Ihrer Gruppe (Gruppenfindung, Aufgabenverteilung, etc.)?

Jede Person nahm sich „ein Land vor". Der Informationsaustausch sollte im wesentlichen per EMail stattfinden, ggf. ein Zwischentreffen stattfinden. Nach ausbleibender Resonanz per Email und im Internet im Januar schwante mir nichts Gutes.

4. Wie verlief der Gruppen- bzw. Arbeitsprozess?

Ein gemeinsamer Prozess mit der Arbeitsgruppe oder im Internetraum kam leider nicht zu stande.

Anhang 133

5. Welche Problemfelder ergaben sich bei der Bearbeitung des Themas?

Mein Aufgabenfeld: Bulgarien. Quellen: Vorwiegend auf der politischen Ebene/ aus dem Internet. Natur der Infos: Defizite in Bulgarien im Vergleich zur BRD. Originalquellen schienen mir in deutscher (ggf. englischer Sprache) nicht zugänglich. Eine Anfrage an die Professorin blieb ohne Resonanz.

6. Welche technischen Schwierigkeiten traten auf?

Technischer Support: Gut (danke ;-))

7. Wie kamen Sie mit dem Zeitmanagement zurecht, d.h. was für Vor- bzw. Nachteile bringt die Freiheit, sich die Zeit selbst einteilen zu können?

Mein Zeitmanagement sah vor im Januar/Februar Zeit für die Aufgaben zu investieren. Anschließend: Motivationsloch/Anforderung am Arbeitsplatz zu hoch, um Motivationsarbeit + inhaltliche Arbeit zu meistern.

8. Welche Tipps und Anregungen haben Sie für zukünftige Seminare?

Persönlich hätte ich mehr Hilfen zu Quellen benötigt. Eine Phantasie von mir: Hemmungen Zwischenergebnisse der „Allgemeinheit" und im Internet zu veröffentlichen. Fehlende (oder schlechte) Erfahrung mit Internet (Chat etc.). Im Rahmen der Studienordnung: Wenig „muss" für den Schein, anderes hat Vorrang vielleicht auch von Bedeutung.... Also best. Störungen zum Medium vorab besprechen und üben, üben, üben.

9. In welchen Bereichen der Sozialen Arbeit können Sie sich e-Learning-Seminare vorstellen bzw. in welchen nicht?

Prinzipiell kann ich mir in allen Seminaren die Nutzung vorstellen, auch wenn viele Techniken etc. berufl. Handelns immer auch den persönlichen Austausch erforderlich machen.

Anhang: A-H-04

Liebe Teilnehmerinnen und Teilnehmer,

Sie haben sich für das Seminar „Gender and Social Work im internationalen Vergleich" angemeldet, welches am 5. Dezember, 10:00 - 17:00, AR-UB 032 (Senatssaal) eintägig als Kompaktseminar stattfinden soll. Da diese Thematik in einer eintägigen Veranstaltung nur grob umrissen werden kann, wird das Seminar virtuell weitergeführt. Wir richten für Sie einen Onlinebereich ein, in dem Sie gemeinsam mit Ihrer Gruppe – unabhängig über das Internet – weiterführende Aufgaben bearbeiten. Der Vorteil dabei ist die Umgehung der stets schwierigen Terminfindung unter den Gruppenmitgliedern. Sie können von zu Hause – so Sie über einen Internetanschluss verfügen – mit Ihren Gruppenmitgliedern kommunizieren und sich austauschen.

Sie werden sich wahrscheinlich schon gefragt haben, wer Ihnen diese Email schreibt, deshalb kurz ein paar Worte zu meiner Person. Ich werde Ihnen als „Tele-Tutor" bei der Arbeit im virtuellen Raum zur Seite stehen, wenn Sie Schwierigkeiten bei der Benutzung des Systems oder aber auf inhaltlicher Ebene haben.

Dieses Seminar ist der erste Schritt zu einer modernen Hochschulausbildung, die in der Zukunft hoffentlich zum Standard gehören wird. Sie tragen sozusagen dazu bei, das System weiterzuentwickeln und leisten Pionierarbeit.

Wie werden Sie arbeiten?

Die Plattform heißt „Open sTeam" und stellt bildlich gesprochen einen „Schreibtisch" dar, den Sie – genauso wie Ihre Arbeitsumgebung zu Hause – nach Ihren Wünschen und Vorgaben gestalten können. Jede Teilnehmerin und jeder Teilnehmer erhält einen eigenen Arbeitsbereich (wie das geht, s. „Wie melde ich mich an?"). Dieser Arbeitsbereich enthält Verknüpfungen zu einzelnen Ordnern, in denen sich Arbeitsmaterialien für das Seminar befinden. Darüber hinaus wird es Ordner für jede Arbeitsgruppe und ein Forum für alle TeilnehmerInnen des Seminars geben.

Diese Plattform soll dazu dienen, Ihren Lernrhythmus Rechnung zu tragen, d.h., Sie können selber entscheiden, wann Sie ins Netz gehen und die Aufgaben bearbeiten und Sie können spontan ein Treffen im virtuellen Arbeitsbereich mit Ihren Gruppenmitgliedern ausmachen und bisher erarbeitete Informationen austauschen.

Anhang   135

Wie melde ich mich an?

Die Anmeldung erfolgt über folgenden Link: http://gauge.upb.de/siegen/gasw/ Dort
befindet Sie unter dem Menüpunkt „Anmeldung" das Formular für die Registrierung im System. !!!**Achtung**!!! Bitte suchen Sie sich den „Nickname" und das
„Passwort" sorgfältig aus und notieren Sie es sich. Es kann später nicht mehr geän-
dert werden. Wer sich also den Nichnamen „Krümelmonster" gibt, wird fortan
auch unter diesem Namen im System erscheinen.

Nach der Anmeldung gehen Sie bitte oben links auf den Button „back". Wieder
auf der Start-seite angelangt, können Sie nun über den Button „Login" Ihren Nickname und Ihr Passwort eingeben und einen ersten Blick in Ihren Arbeitsbereich
werfen. **Achtung**: Es kann sein, dass sich **vor** oder **nach** dem Login ein Fenster
namens „Sicherheitswarnung" öffnet. Wenn ja, wählen Sie bitte die Option „JA"
und setzen den Login fort.

Wenn der Login funktioniert hat, wird sich die Arbeitsumgebung von Open-
Steam aufbauen. In einigen Ordnern befinden sich schon Materialien zum Seminar. Testen Sie die Umgebung ruhig ein wenig aus und machen sich vertraut mit
den Funktionen. Es kann nichts „kaputt" gehen. Wenn gar nichts mehr gehen sollte, schließen Sie das Fenster einfach und loggen sich erneut ein oder Sie schicken
mir eine Email und ich werde versuchen, Ihnen zu helfen.

„Weitere Informationen"

- Ich werde am Tag des Kompaktseminars eine allgemeine Einführung in das
  System geben. Es ist erforderlich, dass Sie sich bis dahin schon auf der Lernplattform angemeldet haben und eventuell schon die ersten Fragen mitbringen,
  die wir dann gemeinsam klären können.
- Auch die Fragen der Arbeitstechniken und des Scheinerwerbs (Anforderungen) werden in der Veranstaltung geklärt.

Ich wünsche Ihnen einen problemlosen Zugang und freue mich auf das Treffen am
5. Dezember.

Bis dahin

Ihr Tele-Tutor

Anhang: A-H-05

Sehr geehrte Teilnehmerinnen des Kompaktseminars „Gender and social work"!

Ich wünsche Ihnen ein gutes und erfolgreiches 2004 und freue mich auf die Fortführung des virtuellen Seminars mit Ihnen. Wie ich in Open sTeam gesehen habe, hat sich noch nicht allzu viel verändert, was durch die Weihnachtspause nicht anders zu erwarten war. Mich würde jetzt interessieren, wie es in den beiden Arbeitsgruppen aussieht? Haben Sie sich untereinander schon verständigt und vielleicht schon einige Ideen zusammengetragen?

Um einen kleinen Überblick über den momentanen Stand zu bekommen, möchten wir Sie bitten, uns eine kurze Rückmeldung zum Arbeitsfortschritt per Email zu geben. Beschreiben Sie bitte auch Probleme, die bei der Bearbeitung aufgetreten sind. Wenn Sie Hilfe benötigen, notieren Sie dies ebenfalls, damit wir Sie tatkräftig unterstützen können.

Wenn Sie noch Fragen zur OpenSteam Umgebung haben sollten, können Sie mich auch immer Mittwochs zwischen 13 und 15 Uhr im ISPA Büro „real" erreichen.

Beste Grüße

Ihr Tele-Tutor

Anhang: A-H-06

Hallo Tele-Tutor,

die Recherchen in unserer Dreigruppe sind auf verschiedenstem Stand. Die Quellen/Materialen zu Bulgarien zu finden, ist ein kleines Detektivspiel. Ein Ansprechpartner verweist auf den nächsten. Also liegt das Problem weniger an dem Open sTeam, sondern mehr inhaltlich. Daher werde ich Frau Popova um Tipps bitten ;-) Ich habe überlegt, erstes Material (wenig spezifisch zwar) in den Steam-Raum zu stellen - einfach als Eisbrecher. Zum Beispiel: Deutsch-Bulgarisches Abkommen zur Zusammenarbeit. Ist das Ihrer Erfahrung nach sinnvoll?

Mit Grüßen zurück!

xxx

Hallo Tele-Tutor,

ich bin eine von denen, die in einer Arbeitsgruppe zum Thema „Studienführer" arbeiten wird. Bei mir hat sich noch nichts getan, weil z.Zt. noch ganz viele Kompaktseminare am Wochenende laufen, und bestimmte Arbeiten noch vorher mit einer Deadline während des Semesters erledigt werden müssen. Deshalb werde ich mit der Arbeit erst zu Beginn der Semesterferien beginnen, d.h. in ca. 3 Wochen.

Also bis dahin,
Grüsse,
xxx

Anhang: A-H-07

Betreff: Ende des Projektes Gender and Social Work in Open sTeam

Sehr geehrte Teilnehmerinnen des Seminars „Gender and social work",

nachdem bis jetzt mehrere Monate ins Land gegangen sind, haben die Dozentin und ich eine Bilanz des Seminars gezogen und uns die Arbeitsergebnisse auf der Plattform „Open sTeam" angesehen.

Leider konnten wir dort nur ein paar Ergebnisse erkennen, was uns zu der Annahme verleitet hat, dass die Arbeit in den beiden Teams nicht mehr voranschreitet. Aus diesem Grund haben wir uns dazu entschlossen, das Seminar zu beenden und möchten Sie bitten, abschließend die untenstehenden Fragen zu beantworten.

Da das Seminar als ein Versuch geplant war, müssen Sie auf keinen Fall ein schlechtes Gewissen haben. Weder Sie noch wir sind Profis im Umgang mit Lernprozessen im virtuellen Raum, weshalb solche Versuche um so wichtiger sind, Erfahrungen und Einsichten zu gewinnen.

Wichtig ist uns daher auch die Beantwortung der Fragen, da diese maßgeblich dazu beitragen, zukünftige Seminare besser zu planen. Sie haben also die Möglichkeit, die Studienbedingungen für sich selbst und für die zukünftigen Studierenden durch Ihre Antworten zu verbessern.

Seminarevaluation:

– Was hat Sie an dem Seminarthema interessiert bzw. was gab den Ausschlag an diesem Seminar teilzunehmen?
– Skizzieren Sie noch einmal kurz die Arbeitsaufgabe in Ihrer Arbeitsgruppe.
– Wie verlief die Arbeit in Ihrer Gruppe (Gruppenfindung, Aufgabenverteilung, etc.)?
– Wie verlief der Gruppen- bzw. Arbeitsprozess?
– Welche Problemfelder ergaben sich bei der Bearbeitung des Themas?
– Welche technischen Schwierigkeiten traten auf?
– Wie kamen Sie mit dem Zeitmanagement zurecht, d.h. was für Vor- bzw. Nachteile bringt die Freiheit, sich die Zeit selbst einteilen zu können?
– Welche Tipps und Anregungen haben Sie für zukünftige Seminare?
– In welchen Bereichen der Sozialen Arbeit können Sie sich e-Learning-Seminare vorstellen bzw. in welchen nicht?

Abschließend möchten wir uns herzlich für Ihre Bereitschaft bedanken, an den ersten Gehversuchen im virtuellen Raum teilzunehmen. Lassen Sie sich nicht von dem – vielleicht – etwas demotivierenden Ausgang des Seminars beeindrucken, sondern sehen Sie es als Herausforderung an sich selbst, zukünftig kritischer und natürlich schon mit einer Vorerfahrung an weiteren virtuellen Seminaren teilzunehmen.

Mit besten Grüßen

Dozentin + Tele-Tutor

Anhang: A-H-08

Lieber Tele-Tutor,

es hat geklappt, jedoch, wer suchet der findet. Wenn ich über „Arbeitsgruppen" gehe und dann auf Datei laden oder so ähnlich in den Studienführer, so kommt bei mir: „Die Seite kann nicht angezeigt werden". Also habe ich es auf einem anderen Weg versucht, den ich Ihnen jetzt nicht mehr erklären kann. Allerdings ist jetzt der Studienführer bei dem Tutor zu finden.

Inhaltlich hätte ich es gerne so gehabt, dass man die Städte anklicken kann, und dann die jeweilige Uni erscheint (man hat mir gesagt, das müsse verlinkt werden). Da muss ich aber leider passen. Vielleicht wissen Sie wie's geht? Dann würde ich es auch noch machen, falls das überhaupt noch von Relevanz ist.

Übrigens danke ich Ihnen für Ihre immer schnelle Antworten und Hilfen.

Ich freue mich auf Ihre Rückmeldung,
xxx

Anhang: A-00

Fragen:

1. Welche der drei folgenden lerntheoretischen Strömungen waren die Grundlage bei der Konzeption Ihres Systems?

( ) Behaviorismus (Lernende ist passiv)
( ) Kognitivismus (Lernende rezipiert aktiv)
( ) Konstruktivismus (Lernende konstruiert aktiv)
( ) eine Mischform aus _____

2. Unter welchen didaktischen Gesichtspunkten bzw. aufbauend auf welchen Theorien (z.B. *cognitive apprenticeship*) wurde Ihr System entwickelt?

3. Wo liegt der Schwerpunkt der Rückmeldungen (Verbesserungswünsche, Probleme, Lob) zu Ihrem System, die Sie von Seiten der Nutzer erhalten haben? (bitte max. 3 Beispiele)

4. Wo liegen Ihrer Meinung nach die Vorteile einer tutoriellen Betreuung?

5. Bitte beurteilen Sie die Zukunft der webbasierten Anwendungen im Bereich der Hochschulausbildung. Werden z.B. „blended learning"-Formen dominieren?

142 Anhang

Anhang: A-01

Fragen:

1. Welche der drei folgenden lerntheoretischen Strömungen waren die Grundlage bei der Konzeption Ihres Systems?

( ) Behaviorismus (Lernende ist passiv)
( ) Kognitivismus (Lernende rezipiert aktiv)
( ) Konstruktivismus (Lernende konstruiert aktiv)
(x) eine Mischform aus
Konstruktivismus mit instruktionistischen Komponenten (damit ist in diesem Kontext eine Variante des Kognitivismus gemeint)

2. Unter welchen didaktischen Gesichtspunkten bzw. aufbauend auf welchen Theorien (z.b. *cognitive apprenticeship*) wurde Ihr System entwickelt?

1.) zu Projekt MuSIK (Medienunterstütztes Studium der Informatik): den Studierenden wurden kurze instruktionistische Texte zu einem informatischen Inhalt (begleitend zu verschiedenen Präsenzvorlesungen) angeboten werden. Eingebettet in die Texte sind (interaktive) Simulationen von schwer verständlichen Algorithmen, mit denen die Lernenden die Wirkungen des Algorithmus erforschen können. Didaktisches Kernproblem bei diesen Simulationen war eine angemessene visuelle Repräsentation des Algorthmus. und seines Zeitverhaltens.

2.) zu Projekt eL3 (eLernen und eLehren in der Lehrer-Aus- und Weiterbildung): Ziel des Projekts war, solchen Lehramtsstudierenden und LehrerInnen, die sich bisher „I&K-fern" verhalten haben (im Jahre 2001 ca 50% der 700.000 Lehrer in Deutschland), in online-Kursen (Typ Blended learning) auf dem Wege über die Fachdidaktiken ihrer Unterrichtsfächer die zusätzlichen medienpädagogischen Möglichkeiten aufzuzeigen, die beim Einsatz von I&K-Technologien im Unterricht entstehen. Wegen der Einbindung der online-Kurse in die jeweiligen Fachdidaktiken und wegen der Vielzahl von zu diekutierenden Unterrichtsszenarien wurden sehr viele unterschiedliche didaktische Konzepte berücksichtigt.

Anhang 143

3. Wo liegt der Schwerpunkt der Rückmeldungen (Verbesserungswünsche, Probleme, Lob) zu Ihrem System, die Sie von Seiten der Nutzer erhalten haben? (bitte max. 3 Beispiele)

1.) zu Projekt MuSIK: bitte schnell weitere Materialien für weitere Vorlesungen erstellen.

2.) zu Projekt eL3: die teletutorielle Betreuung müsste noch etwas verstärkt werden; die Materialien müssten stärker zum kooperativen Lernen anregen (auch zB zu mehreren nur gemeinsam bearbeitbaren Arbeitsaufgaben) und die Lernplattform sollte dazu noch kooperationsfreundlicher werden.

4. Wo liegen Ihrer Meinung nach die Vorteile einer tutoriellen Betreuung?

(Projekt eL3):
a.) Erste Erfahrungen der Teilnehmer mit webgestützter Kommunikation.
b.) Persönliche Ansprache, statt nur Bearbeitung „anonymer" Studienbriefe

5. Bitte beurteilen Sie die Zukunft der webbasierten Anwendungen im Bereich der Hochschulausbildung. Werden z.B. „blended learning"-Formen dominieren?

Nach bisherigen Beobachtungen eignen sich blended-learning-Ansätze besonders gut, um die Schwächen des bisherigen Studiensystems auszugleichen durch die Stärken der I&K-Technologien

Anhang: A-02

Fragen:

1. Welche der drei folgenden lerntheoretischen Strömungen waren die Grundlage bei der Konzeption Ihres Systems?

( ) Behaviorismus (Lernende ist passiv)
( ) Kognitivismus (Lernende rezipiert aktiv)
( ) Konstruktivismus (Lernende konstruiert aktiv)
(x) eine Mischform aus *allen dreien je nach Teilprojekt*

2. Unter welchen didaktischen Gesichtspunkten bzw. aufbauend auf welchen Theorien (z.B. *cognitive apprenticeship*) wurde Ihr System entwickelt?

- keine Angabe -

3. Wo liegt der Schwerpunkt der Rückmeldungen (Verbesserungswünsche, Probleme, Lob) zu Ihrem System, die Sie von Seiten der Nutzer erhalten haben? (bitte max. 3 Beispiele)

Hauptsächlich technische Fragen und Anregungen

4. Wo liegen Ihrer Meinung nach die Vorteile einer tutoriellen Betreuung?

Vorteil: Motivation, Hilfestellung und auch soziale Kontrolle durch Tutor
Nachteil: Einschränkung Zeit- und Ortsunabhängigkeit

5. Bitte beurteilen Sie die Zukunft der webbasierten Anwendungen im Bereich der Hochschulausbildung. Werden z.B. „blended learning"-Formen dominieren?

Die Zukunft ist blended learning. Reine CBTs[1] sind selten motivierend und i.d.R. sehr eintönig.

---

1 CBT = Computer-Based-Training, gilt als Sammelbegriff für die Nutzung von Computern zur Steuerung von Lehr- und Lernprozessen.

Anhang 145

Anhang: A-03

Fragen:

1. Welche der drei folgenden lerntheoretischen Strömungen waren die Grundlage bei der Konzeption Ihres Systems?

( ) Behaviorismus (Lernende ist passiv)
(x) Kognitivismus (Lernende rezipiert aktiv)
(x) Konstruktivismus (Lernende konstruiert aktiv)
( ) eine Mischform aus

Übrigens: Passives Lernen ist sicher ein Missverständnis. Den Nürnberger Trichter gibt es auch in behavioristischen Lerntheorien nicht. Diese Theorien machen nur keine expliziten Aussagen über die aktiven Prozesse im menschlichen Informationsverarbeitungssystem. Dieses Missverständnis ist leider in der Pädagogik weit verbreitet.

2. Unter welchen didaktischen Gesichtspunkten bzw. aufbauend auf welchen Theorien (z.B. *cognitive apprenticeship*) wurde Ihr System entwickelt?

Wesentliche Theorien sind:

Episodische Lernermodelierung
Adaptive Lernsysteme

Diese Theorien dürften nur schwer in Ihre eher didaktisch ausgerichteten Theorien einzuordnen sein.

3. Wo liegt der Schwerpunkt der Rückmeldungen (Verbesserungswünsche, Probleme, Lob) zu Ihrem System, die Sie von Seiten der Nutzer erhalten haben? (bitte max. 3 Beispiele)

Wichtig sind die in die Seiten des Lernkurses eingebauten Übungen und Tests, die vom System ausgewertet werden und unmittelbar zu gezielten Rückmeldungen für die Lernenden führen.
    Im LISP-Tutor ELM-ART wird sogar ein „Kognitive Diagnose" von Lösungen für Programmieraufgaben durchgeführt.

Die Rückmeldung ist üblicherweise: mehr davon

Unsere Lernkurse in der Psychologie werden als sehr hilfreich, allerdings auch als sehr zeitaufwändig befunden.

4. Wo liegen Ihrer Meinung nach die Vorteile einer tutoriellen Betreuung?

Bei der tutoriellen Betreuung durch das System selbst liegt der Vorteil darin, dass diese Hilfen jederzeit zur Verfügung stehen und auch anonym sind. Man erlaubt sich viel eher auch mal Fehler zu machen und nachzufragen, wenn Anonymität gegeben ist.

Betreuung durch „menschliche" Tutoren hat den Vorteil, dass auch komplexere Fragen und Probleme behandelt werden können. Der Nachteil ist der hohe zeitlich Aufwand für Tutoren.

In unseren Systemen hält sich der zeitliche Aufwand für die menschlichen Tutoren glücklicherweise sehr in Grenzen, da offensichtlich durch die tutorielle Betreuung des adaptiven Lernsystems bereits zahlreiche Fragen automatisch abgearbeitet werden.

5. Bitte beurteilen Sie die Zukunft der webbasierten Anwendungen im Bereich der Hochschulausbildung. Werden z.B. „blended learning"-Formen dominieren?

Ob blended Learning dominieren wird, weiß ich nicht. Es wird allerdings zunehmend an Bedeutung gewinnen. Der Aufwand, gute Lernsysteme zu erstellen, ist allerdings sehr hoch.

Anhang: A-04

Fragen:

1. Welche der drei folgenden lerntheoretischen Strömungen waren die Grundlage bei der Konzeption Ihres Systems?

( ) Behaviorismus (Lernende ist passiv)
( ) Kognitivismus (Lernende rezipiert aktiv)
( ) Konstruktivismus (Lernende konstruiert aktiv)
(x) eine Mischform aus *Kognitivismus und Konstruktivismus*

2. Unter welchen didaktischen Gesichtspunkten bzw. aufbauend auf welchen Theorien (z.B. *cognitive apprenticeship*) wurde Ihr System entwickelt?

- Problemorientiertes fallbasiertes Lernen
- Cognitive Apprenticeship

3. Wo liegt der Schwerpunkt der Rückmeldungen (Verbesserungswünsche, Probleme, Lob) zu Ihrem System, die Sie von Seiten der Nutzer erhalten haben? (bitte max. 3 Beispiele)

- Flexibilisierung der Navigation
- Verbesserung der Freitexterkennung
- Performanceverbesserung bei Videosequenzen

4. Wo liegen Ihrer Meinung nach die Vorteile einer tutoriellen Betreuung?

- steter Kontakt zu den Bedürfnissen der Lernenden und Lehrenden, wichtige formative Zusatzinformationen jenseits von Online Fragebögen

5. Bitte beurteilen Sie die Zukunft der webbasierten Anwendungen im Bereich der Hochschulausbildung. Werden z.B. „blended learning"-Formen dominieren?

Ja, ich glaube, dass diverse blended learning Integrationsformen einen wesentlichen Teil der Anwendungen für das webbasierte Lernen ausmachen werden, und zwar eingebettet in eine Online Umgebung aus Nutzer-zentrierter Adminstration (u.a. persönlicher Online-Stundenplan) und Integration diverser Lern- und (Selbst)prüfungsprogramme in eine gemeinsame Lernumgebung. Die Lernumgebung legt die Lernlogik (Kurse etc.) fest und bietet die üblichen Kommunikationswerkzeuge.

Anhang: A-05

Fragen:

1. Welche der drei folgenden lerntheoretischen Strömungen waren die Grundlage bei der Konzeption Ihres Systems?

( ) Behaviorismus (Lernende ist passiv)
( ) Kognitivismus (Lernende rezipiert aktiv)
( ) Konstruktivismus (Lernende konstruiert aktiv)
(x) eine Mischform aus *verschiedenen lerntheoretischen Ansätzen, da das von uns genutzt Autorenystem dem Dozenten die Möglichkeit anbiet, für die Nutzung des Lehr-Lern-Moduls jeweils spezifsiche didaktische Szenarien abzubilden, die dann durch das System adaptiert werden.*

2. Unter welchen didaktischen Gesichtspunkten bzw. aufbauend auf welchen Theorien (z.B. *cognitive apprenticeship*) wurde Ihr System entwickelt?

Verschiedene Ansätze (u.a. auch Cognitive Apprenticeship)

3. Wo liegt der Schwerpunkt der Rückmeldungen (Verbesserungswünsche, Probleme, Lob) zu Ihrem System, die Sie von Seiten der Nutzer erhalten haben? (bitte max. 3 Beispiele)

- mehr Frage-Antwort-Möglichkeiten
- mehr multimediale Assets (insbesondere Animationen, Simulationen, VRML-Modelle)

4. Wo liegen Ihrer Meinung nach die Vorteile einer tutoriellen Betreuung?

Generell würde ich sagen, die Vorteile und Nachteile hängen von dem gewählten didaktischen Szenario des Lehrenden resp. von der funktionalen Erwartung des Lernenden an den Tutor ab. Ich mag mich aber auch täuschen.

Anhang 149

5. Bitte beurteilen Sie die Zukunft der webbasierten Anwendungen im Bereich der Hochschulausbildung. Werden z.B. „blended learning"-Formen dominieren?

Aus einer hochschulstrategischen Perspektive: Vermutlich werden eLearning-Inhalte zur Substitution eingesetzt, auch wenn das eigentlich an den Hochschulen niemand will (vgl. Uhl, 2003). Zum Education Brokerage im Kontext des Bologna-Prozesses. Zur Erweiterung des Portfolios auch u.a. im Bereich der Weiterbildung und zur Attraktivitätssteigerung der Hochschulen bspw. für Alumni, Schüler, Bewerber, internationale Studierende etc.).

Aus didaktischer Perspektive: Von konventionellen face-to-face-Situationen bis hin zu reinen virtuellen Lehr-Lern-Szenarien wird alles vertreten sein.

150 Anhang

Anhang: A-07

Fragen:

1. Welche der drei folgenden lerntheoretischen Strömungen waren die Grundlage bei der Konzeption Ihres Systems?

( ) Behaviorismus (Lernende ist passiv)
( ) Kognitivismus (Lernende rezipiert aktiv)
( ) Konstruktivismus (Lernende konstruiert aktiv)
(x) eine Mischform aus: *Die Lehrinhalte (Kurse) und Simulationsprogramme, die innerhalb unseres Projekts entwickelt wurden basieren auf einer Mischform aus Konstruktivismus und Kognitivismus mit Schwerpunkt auf Konstrukivismus (Exploratives Lernen), in einzelnen Fachgebieten (z.b. Bauingenieurswesen) gibt es auch behaviouristische Elemente*

2. Unter welchen didaktischen Gesichtspunkten bzw. aufbauend auf welchen Theorien (z.B. *cognitive apprenticeship*) wurde Ihr System entwickelt?

u.a. problemorientieres Lernen, kooperatives Lernen

3. Wo liegt der Schwerpunkt der Rückmeldungen (Verbesserungswünsche, Probleme, Lob) zu Ihrem System, die Sie von Seiten der Nutzer erhalten haben? (bitte max. 3 Beispiele)

- Lob: Einfachheit der Bedienung und Übersichtlichkeit der Benutzeroberfläche
- Kritik: Verbesserung der Performanz ist nötig

4. Wo liegen Ihrer Meinung nach die Vorteile einer tutoriellen Betreuung?

Nachteil ist sicherlich der personelle Aufwand (Zeit, Geld ...)
Als Vorteil sehe ich u.a. , ...
... dass die Lernenden neben dem Dozenten einen weiteren Ansprechpartner haben, den sie bei inhaltlichen oder technischen Problemen konsultieren können,
... dass sie individuelles und persönliches und nicht standardisiertes, computergeneriertes Feedback bekommen.
... die „menschliche" Komponente. Persönliche Betreuung hat Einfluss auf die Motivation der Lernenden.

Anhang   151

5. Bitte beurteilen Sie die Zukunft der webbasierten Anwendungen im Bereich der Hochschulausbildung. Werden z.b. „blended learning"-Formen dominieren?

Webbasierte Anwendungen – seien es Kurse in einer E-Learning-Plattform oder einfache HTML-Seiten – können die Hochschullehre anreichern und ergänzen und auch einzelne Präsenzkurse völlig ersetzen. Meiner Meinung nach, ist es nicht möglich, pauschal ein Urteil zu fällen, ob e-Learning oder blended learning oder Präsenzlehre besser ist und daher in Zukunft dominieren werden, da hier viele verschiedene Faktoren (Fachgebiet, Kursinhalt, Zielgruppe, Lernziel, Lehrstil ...) eine Rolle spielen. Vielmehr sehe ich die Zukunft so, dass für jedes Fach – für jeden Kurs – individuell entschieden werden sollte, ob und wie weit es Sinn macht, ihn mit webbasierten Inhalten anzureichern. Ich verstehe webbasierte Anwendungen als eine Erweiterung des Spektums in der Lehre.

Anhang: A-08

Fragen:

1. Welche der drei folgenden lerntheoretischen Strömungen waren die Grundlage bei der Konzeption Ihres Systems?

( ) Behaviorismus (Lernende ist passiv)
(x) Kognitivismus (Lernende rezipiert aktiv)
(x) Konstruktivismus (Lernende konstruiert aktiv)
( ) eine Mischform aus _____

2. Unter welchen didaktischen Gesichtspunkten bzw. aufbauend auf welchen Theorien (z.B. *cognitive apprenticeship*) wurde Ihr System entwickelt?

Das Lernnetz wurde als eine hochintegrierte Lernplattform auf einfache Erweiterbarkeit und auf aktives, partizipatorisches Lernen hin entworfen und entwickelt. Während die meisten Lernplattformen klar zwischen der Rolle des Autors und des Nutzers trennen, ist beim Lernnetz Bauphysik jeder Nutzer auch potenzieller Autor. Jeder Nutzer kann im Lernnetz Inhalte erstellen und sie für von ihm bestimmte weitere Nutzer freigeben, um Gruppenarbeit über das Medium zu fördern. Bevor Inhalte allerdings für alle Lernnetznutzer freigegeben, also veröffentlicht werden, müssen diese ein Lektorat passieren. Speziell für den Bereich Architektur und Bauingenieurwesen wurde ein eigenes XML-basiertes Projektdatenformat entwickelt, um ein Objekt (z.B. Gebäude, Raum, Bauteil) beschreiben zu können. Dadurch werden bisher notwendige Mehrfacheingaben für unterschiedliche bauphysikalische Berechnungen hinfällig. Über verschiedene Applikationen können bauphysikalische Berechnungsverfahren server- oder client-seitig durchgeführt werden. Eine zentrale Applikation ist der sogenannte Projekteditor. Er ist ein im Rahmen des Projekts entwickeltes, browserfähiges CAAD-System (Java-Applet). Mit seiner Hilfe können innerhalb kürzester Zeit Gebäude gezeichnet und Bauteile bezüglich ihres Aufbaus festgelegt werden.

3. Wo liegt der Schwerpunkt der Rückmeldungen (Verbesserungswünsche, Probleme, Lob) zu Ihrem System, die Sie von Seiten der Nutzer erhalten haben? (bitte max. 3 Beispiele)

System ist nur z.T. in der Anwendung, da Entwicklung noch nicht abgeschlossen.

Anhang 153

4. Wo liegen Ihrer Meinung nach die Vorteile einer tutoriellen Betreuung?

– direktes und individuelles feed back möglich
– nicht an feste betreuungszeiten gebunden

5. Bitte beurteilen Sie die Zukunft der webbasierten Anwendungen im Bereich der Hochschulausbildung. Werden z.B. „blended learning"-Formen dominieren?

ich glaube nicht, dass sie dominieren werden - sie bieten aber die chance, sich in präsenzveranstaltungen auf andere dinge konzentrieren zu können (z.b. viel weniger grundlagenvermittlung, sondern mehr anwendungsorientierte lehreinheiten).

Anhang: A-09

Fragen:

1. Welche der drei folgenden lerntheoretischen Strömungen waren die Grundlage bei der Konzeption Ihres Systems?

( ) Behaviorismus (Lernende ist passiv)
( ) Kognitivismus (Lernende rezipiert aktiv)
( ) Konstruktivismus (Lernende konstruiert aktiv)
( ) eine Mischform aus *Not applicable, wir stellen ein Lernmanagement system her, damit kann dann jeder treiben was er will.*

2. Unter welchen didaktischen Gesichtspunkten bzw. aufbauend auf welchen Theorien (z.B. *cognitive apprenticeship*) wurde Ihr System entwickelt?

verschiedene, viele Leute haben beigetragen und damit auch viele theoretische Hintergründe

3. Wo liegt der Schwerpunkt der Rückmeldungen (Verbesserungswünsche, Probleme, Lob) zu Ihrem System, die Sie von Seiten der Nutzer erhalten haben? (bitte max. 3 Beispiele)

1. Hinweise zum handling = kleinere technische Rückfragen
2. Wunschkonzert
3. ernsthafte Verbesserungswünsche

4. Wo liegen Ihrer Meinung nach die Vorteile einer tutoriellen Betreuung?

Vorteile: die Leute machen den Kurs fertig, ohne Betreuung hat man Abbrecherquoten von 65-85 %
Nachteile: Kosten

5. Bitte beurteilen Sie die Zukunft der webbasierten Anwendungen im Bereich der Hochschulausbildung. Werden z.B. „blended learning"-Formen dominieren?

JA

Anhang 155

Anhang: A-10

Fragen:

1. Welche der drei folgenden lerntheoretischen Strömungen waren die Grundlage bei der Konzeption Ihres Systems?

( ) Behaviorismus (Lernende ist passiv)
( ) Kognitivismus (Lernende rezipiert aktiv)
(x*) Konstruktivismus (Lernende konstruiert aktiv)
( ) eine Mischform aus

2. Unter welchen didaktischen Gesichtspunkten bzw. aufbauend auf welchen Theorien (z.B. *cognitive apprenticeship*) wurde Ihr System entwickelt?

Aufbauend auf Konzeptionen der humanistischen Psychologie und Pädagogik (z.B. Rogers, Dewey, Gudjons) haben wir ein didaktisches Konzept für softwareunterstützte Seminare entwickelt, die wir als „offene Seminare" charakterisieren.[1]

3. Wo liegt der Schwerpunkt der Rückmeldungen (Verbesserungswünsche, Probleme, Lob) zu Ihrem System, die Sie von Seiten der Nutzer erhalten haben? (bitte max. 3 Beispiele)

- einhelliges Lob für die sehr einfache Benutzbarkeit, auch für technisch und / oder im e-learning-Bereich Unerfahrene
- starke Betonung der Notwendigkeit, die Systemnutzung sinnvoll didaktisch / organisatorisch einzubetten

4. Wo liegen Ihrer Meinung nach die Vorteile einer tutoriellen Betreuung?

Das kann ich so pauschal nicht beantworten, es hängt von der jeweiligen Lernsituation, den verfügbaren Ressourcen, Alternativen usw. ab (unser System wird in einer Vielzahl unterschiedlicher Kontexte eingesetzt). In jedem Fall hat sich eine

---

* Wobei ich anmerken möchte, dass wir zwar (erkenntnistheoretische!) konstruktivistische Positionen zur Fundierung unserer didaktischen Konzepte genutzt haben, jedoch nicht der Ansicht waren, dass sich daraus unmittelbar ein Systemdesign ableiten lässt. Hierzu haben wir zum einen sehr viel konkretere didaktische Konzeptionen entwickelt (s. nächste Frage) und uns zum anderen stark an software-ergonomischen Gesichtspunkten orientiert.

156 Anhang

durchdachte organisatorische / didaktische Einbettung der Systemnutzung in die jeweilige Lehrveranstaltung als wichtiges Erfolgskriterium herausgestellt: Häufig „scheitert" der Medieneinsatz daran, dass ein System zwar zur Verfügung gestellt, aber keine Nutzungsanlässe geschaffen bzw. Nutzungskonventionen (gemeinsam) etabliert werden.

5. Bitte beurteilen Sie die Zukunft der webbasierten Anwendungen im Bereich der Hochschulausbildung. Werden z.B. „blended learning"-Formen dominieren?

Wir haben bei der Entwicklung unseres Systems von Beginn an die Unterstützung von Präsenzlehre in den Blick genommen (es wird auch ganz überwiegend so eingesetzt) und sehen hier auch nach wie vor die realistischsten Einsatzszenarien.

---

1 (Quellen z.B.: Janneck, M.; Krause, D. (2004), Einladung zur Nachahmung: Offene Lernveranstaltungen mit Medienunterstützung. In Pape, B.; Krause, D.; Oberquelle, H. (Hrsg.): Wissensprojekte - Gemeinschaftliches Lernen aus didaktischer, softwaretechnischer und organisatorischer Sicht. Münster u.a.: Waxmann Verlag, S. 74-89.; Janneck, M., Krause, D., Pape, B., Strauss, M. (2003): Medienunterstützung in offenen Seminaren - am Beispiel des CSCL-Systems CommSy. In: Bode, A.; Desel, J.; Rathmayer, S.; Wessner, M. (Hrsg.): DeLFI 2003- Tagungsband der 1. e-Learning Fachtagung Informatik, S. 47-56)

Anhang: A-11

Fragen:

1. Welche der drei folgenden lerntheoretischen Strömungen waren die Grundlage bei der Konzeption Ihres Systems?

( ) Behaviorismus (Lernende ist passiv)
( ) Kognitivismus (Lernende rezipiert aktiv)
(x) Konstruktivismus (Lernende konstruiert aktiv)
( ) eine Mischform aus _____

2. Unter welchen didaktischen Gesichtspunkten bzw. aufbauend auf welchen Theorien (z.b. *cognitive apprenticeship*) wurde Ihr System entwickelt?

Wir haben uns weniger an einer speziellen Theorie orientiert, sondern versucht den empirischen Forschungsstand sowohl in fachdidaktischer als auch mediendidaktischer und softwareergonomischer Hinsicht soweit wie möglich umzusetzen. Dabei kam es natürlich häufig zu Kompromisslösungen.

3. Wo liegt der Schwerpunkt der Rückmeldungen (Verbesserungswünsche, Probleme, Lob) zu Ihrem System, die Sie von Seiten der Nutzer erhalten haben? (bitte max. 3 Beispiele)

Der Tenor des Feedbacks war insgesamt sehr positiv. Der Schwerpunkt der Rückmeldungen betraf zum einen die sogenannten Selbstlerneinheiten zur Physik, zum anderen des Veranstaltungsserver. Zu letzterem gab es z.b. Wünsche, die Erscheinung der Plattform dem jeweiligen Corporate Identity der das System nutzenden Hochschule anpassen zu können, oder bestimmte Funktionen und Optionen übersichtlicher und insbesondere für Studierende einfacher zu gestalten. Dies konnte weitgehend realisiert werden.

4. Wo liegen Ihrer Meinung nach die Vorteile einer tutoriellen Betreuung?

Wie gesagt, im regulären Studium halten wir Präsenzveranstaltungen inkl. Tutorien für geboten, u.a. weil sonst die Gefahr zu groß ist, dass die Lernenden mit der Selbssteuerung ihres Lernprozesses leicht überfordert sind.

Bei erfahrenen Lernenden, die sich z.b. parallel zum Beruf über (distance) e-Learning fortbilden, ist ein Präsenz-Tutorium wahrscheinlich weder nötig noch sinnvoll.

5. Bitte beurteilen Sie die Zukunft der webbasierten Anwendungen im Bereich der Hochschulausbildung. Werden z.b. „blended learning"-Formen dominieren?

Wir gehen davon aus, dass e-Learning gerade in der Form von Blended Learning weiter zunimmt. Physik multimedial favorisiert derartige Szenarien, in denen Phasen des e-Learnings, experimentelle Praktika und andere Präsenzveranstaltungen didaktisch sinnvoll kombiniert werde. Weitere Informationen hierzu finden Sie im Didaktik-Service der physik multimedial Plattform: http://www.physik multimedial.de

Anhang: A-12

Fragen:

1. Welche der drei folgenden lerntheoretischen Strömungen waren die Grundlage bei der Konzeption Ihres Systems?

( ) Behaviorismus (Lernende ist passiv)
( ) Kognitivismus (Lernende rezipiert aktiv)
(x) Konstruktivismus (Lernende konstruiert aktiv)
( ) eine Mischform aus _____

2. Unter welchen didaktischen Gesichtspunkten bzw. aufbauend auf welchen Theorien (z.B. *cognitive apprenticeship*) wurde Ihr System entwickelt?

Lehren und lernen auf einander abzustimmen, die Auswahl der als notwendig erachteten Inhalte, die Reihenfolge der Vermittlung und die Präsentation bestimmen die Paradigmen der technologiegestützten Lehre.

Den Lernenden wird eine angenehme, intuitive Lernumgebung dargeboten, die nach kurzer Einarbeitung durch die konsequente Struktur und Einheitlichkeit, erfassbar und einfach zu handhaben ist. Die grafische, szenenbasierte Führung durch die Lerninhalte ermöglicht eine freudvolle Auseinandersetzung mit den Lernmaterialien und motiviert die Nutzer zu weiterer Nutzung des Systems. Durch die adaptive Konzeption des Systems können die Inhalte dem Nutzer angepasst erstellt und abgerufen werden.

Das konstruktivistische „goal based scenario" (R. Schank) ermöglich dem Nutzer problemorientiert, zielgerichtet zu lernen und dabei sein vorhandenes Faktenwissen in einer Simulation der Arzt-Patientensituation in Handlungswissen umzusetzen, und so in seinem vorhandenen Wissensnetzwerk als kontextbezogene Erfahrung zu verankern.

Die integrierte Patientenakte ermöglicht Reflektion über das eigen Vorgehen und die Problemlösestrategien. Die komplette Auswertung des diagnostischen Vorgehen und der vom Anwender gestellten Diagnosen, regt zur Auseinandersetzung mit den Inhalten und Grenzen des eigenen Wissens und zur Auseinandersetzung mit dem Fallautor oder Dozenten an. Die eigenen Lernprozesse können zielgerichtet geplant und umgesetzt werden. Zum Beispiel können fehlende Kenntnisse in der apparativen Diagnostik oder deren Befundung zum Lernthema werden.

Erfolgs- und handlungsmotivierte Motivkonstellationen wirken leistungsfördernd. Die Möglichkeiten des vertiefenden und explorativen Lernens in der integrierten Bibliothek ergänzen und erweitern das Spektrum des Lernangebotes.

Über die im Forum angebotenen Informationen zu Lernzielen, Ablauf der Veranstaltungen und didaktischer Konzeption wird das didaktische Konzept um sonst in Fallsystemen schwer darstellbare Meta-Informationen erweitert.

Vier verschieden Profile der Fallbearbeitung ermöglichen eine Einschränkung, der sonst sehr frei wählbaren Handlungsschritte und können so verschiedenen Lehrkonzepten angepasst werden. Eine Blended Learning Veranstaltung verlangt nach einer anderen Strukturierung als die selbstgesteuerte Lernerfahrung.

Eine Besonderheit des Systems besteht in der bewusst gewählten auffallenden grafischen Darbietung der Inhalte. Diese Art der Darstellung soll im Nutzer die Entstehung von Telepräsenz fördern. Die Entstehung von Telepräsenz im Nutzer wird beeinflusst von äußeren Stimuli und deren individueller Verarbeitung im Gehirn. Hierfür gibt es einige Grundregeln, die von Slater und Usoh in externe und interne Faktoren eingeteilt wurden. Die externen Faktoren umfassen die Qualität des Displays und der Abbildungen, übersichtliche und konsistente Anordnung von Symbolen und Inhalten, die Bewegung im System muss einfach und übersichtlich gestaltet sein. Der Nutzer sollte im System menschliche Gestalt haben und die Verbindung zwischen Nutzeraktion und Reaktion im System sollte eindeutig sein. Zwei interne Faktoren werden auf der Basis neurolinguistischer Programmierung festgelegt. Der erste interne Faktor ist das Repräsentationssystem das der Nutzer einsetzt, er sieht ein Bild, erinnert sich an ein Bild, oder konstruiert sich eine Darstellung. Beeinflusst wird die Wahl des Repräsentationssystem durch die Darbietung der Daten, visuell, akustisch oder kienästhetisch.

Der zweite interne Faktor ist die Sichtweise des Nutzers im System. Man kann den Benutzer in der ersten Person am Geschehen teilnehmen lassen, wie es bei den sogenannten ego-shooter Anwendungen der Fall ist. Die zweite Alternative ist ein olympischer Standpunkt des Benutzers, der im System agiert. Die letzte Möglichkeit ist eine abstrakte Position, bei der der Benutzer selbst nicht im System anwesend zu seien scheint. Laut NLP gibt es bei unterschiedlichen Menschen Vorlieben für Darstellungsformen, obwohl in Simulationssystemen, denkt man Flug- oder Fahrsimulatoren, die erste Position bevorzugt eingesetzt wird.

Telepräsens wird als Faktor für Effizienzsteigerung und Abbau von Arbeitsbelastung angesehen. Eine präsente Umwelt wird für das Verhalten des Akteurs relevant, weil er das Empfinden hat sich in Ihr zu befinden. Die virtuellen Objekte werden in diesem Moment handlungsrelevant und erzeugen im Nutzer das Gefühl real zu sein. Dabei scheint Präsenz in der virtuellen Abwesenheit nicht das gleiche zu sein wie Abwesenheit in der realen Umgebung.

Anhang   161

3 Wo liegt der Schwerpunkt der Rückmeldungen (Verbesserungswünsche, Probleme, Lob) zu Ihrem System, die Sie von Seiten der Nutzer erhalten haben? (bitte max. 3 Beispiele)

- Gelobt wird die grafische Darstellung
- Es werden oft weitere Fälle erbeten
- Kritik über Ladezeiten und technische Probleme, die aber im neuen System kaum noch vorkommen

4 Wo liegen Ihrer Meinung nach die Vorteile einer tutoriellen Betreuung?

Wir nutzen die Plattform in Form von blended learning-Seminaren, da wir den Lernenden nicht mit der Lernsituatuion allein lassen wollen. Bei online oder stand alone Lösungen sollten zumindest asynchrones Tutoring möglich sein, da sie sonst bei Problemen Nutzer verlieren.

5 Bitte beurteilen Sie die Zukunft der webbasierten Anwendungen im Bereich der Hochschulausbildung. Werden z.b. blended learning-Formen dominieren?

s.o. Zudem sehe ich die Zukunft nicht in textbasierten Tools, da Texte meist ausgedruckt werden, das explorative selbstständige lebenslange Lernen wird die Zukunft des e-Learning sein. Kurze für das web entworfene Module können die Lehre ergänzen oder unterstützen, aber nicht komplett ersetzen.

Anhang: A-13

Fragen:

1. Welche der drei folgenden lerntheoretischen Strömungen waren die Grundlage bei der Konzeption Ihres Systems?

( ) Behaviorismus (Lernende ist passiv)
( ) Kognitivismus (Lernende rezipiert aktiv)
(x) Konstruktivismus (Lernende konstruiert aktiv)
( ) eine Mischform aus

... wobei ich hier eine andere Definition von Konstruktivismus bzw. Kognitivismus bevorzugen würde. Auch kognitionspsychologische Theorien sehen die Aktionen der Lernenden weitreichender als „rezipiert aktiv".

2. Unter welchen didaktischen Gesichtspunkten bzw. aufbauend auf welchen Theorien (z.b. *cognitive apprenticeship*) wurde Ihr System entwickelt?

Wir haben zu verschiedenen Wissensbereichen verschiedene Konzepte entwickelt und uns an verschiedenen didaktischen Theorien orientiert. Es ist aber immer ein aus unserer Sicht sinnvolles Konzept am Inhalt und der Zielgruppe orientiert entwickelt und nicht ein didaktisches Konzept wie z.b. Anchored Instruction konsequent umgesetzt worden.

3. Wo liegt der Schwerpunkt der Rückmeldungen (Verbesserungswünsche, Probleme, Lob) zu Ihrem System, die Sie von Seiten der Nutzer erhalten haben? (bitte max. 3 Beispiele)

Auch hier kann ich nicht pauschal antworten, nehme als Beispiel mal den Themenraum Altenstadt:
a. sehr gute Visualisierungen
b. zu wenig Inhalt

4. Wo liegen Ihrer Meinung nach die Vorteile einer tutoriellen Betreuung?

Das System ist zur Begleitung der Präsenzlehre entstanden und eine tutorielle Betreuung muss aus der Präsenzlehre her initiiert werden. In diesem Bereich muss

Anhang 163

aber noch weiter geschult werden, um die Chancen der tutoriellen Begleitung aufzuzeigen und die Lehrenden zu befähigen, sie auch auszuüben bzw. an Hilfskräfte zu delegieren und damit dann wieder in der Präsenzlehre zu arbeiten (integrativ).

5. Bitte beurteilen Sie die Zukunft der webbasierten Anwendungen im Bereich der Hochschulausbildung. Werden z.B. „blended learning"-Formen dominieren?

Ja, ich glaube schon, weil vermehrt die Vorteile und Nachteile erkannt und dann nur die Vorteile genutzt werden.

Anhang: A-14

Fragen:

1. Welche der drei folgenden lerntheoretischen Strömungen waren die Grundlage bei der Konzeption Ihres Systems?

( ) Behaviorismus (Lernende ist passiv)
( ) Kognitivismus (Lernende rezipiert aktiv)
( ) Konstruktivismus (Lernende konstruiert aktiv)
( ) eine Mischform aus _____

Leider „keine Ahnung"

2. Unter welchen didaktischen Gesichtspunkten bzw. aufbauend auf welchen Theorien (z.b. *cognitive apprenticeship*) wurde Ihr System entwickelt?

Aufbauend auf „praktischen Gesichtspunkten"

3. Wo liegt der Schwerpunkt der Rückmeldungen (Verbesserungswünsche, Probleme, Lob) zu Ihrem System, die Sie von Seiten der Nutzer erhalten haben? (bitte max. 3 Beispiele)

+ Leichte Bedienbarkeit
+ Hoher Spaßfaktor
- Zu wenig Inhalte

4. Wo liegen Ihrer Meinung nach die Vorteile einer tutoriellen Betreuung?

Betreuung im Lernprozess ist immer gut, hier aber schlicht nicht finanzierbar

5. Bitte beurteilen Sie die Zukunft der webbasierten Anwendungen im Bereich der Hochschulausbildung. Werden z.b. „blended learning"-Formen dominieren?

Webbasierte Anwendungen werden eine wertvolle, weil simulationsnahe Ergänzung sein, die traditionelle Lehre (in der Medizin „am Krankenbett") aber nicht ersetzen können – das sollen sie aber auch nicht.

Anhang

Anhang: A-15

Fragen:

1. Welche der drei folgenden lerntheoretischen Strömungen waren die Grundlage bei der Konzeption Ihres Systems?

( ) Behaviorismus (Lernende ist passiv)
( ) Kognitivismus (Lernende rezipiert aktiv)
( ) Konstruktivismus (Lernende konstruiert aktiv)
(x) eine Mischform aus *allen drei Ansätzen (je nach Anforderungen einer Aufgabe)*

2. Unter welchen didaktischen Gesichtspunkten bzw. aufbauend auf welchen Theorien (z.B. *cognitive apprenticeship*) wurde Ihr System entwickelt?

- keine Angabe -

3. Wo liegt der Schwerpunkt der Rückmeldungen (Verbesserungswünsche, Probleme, Lob) zu Ihrem System, die Sie von Seiten der Nutzer erhalten haben? (bitte max. 3 Beispiele)

- tech. Anwendungsprobleme / konkrete Fehler des Programms
- Änderungs- / Verbesserungswünsche (tech. und inhaltlich)
- Rückmeldung zur Verständlichkeit und Effektivität der Informationen der Tutoren

4. Wo liegen Ihrer Meinung nach die Vorteile einer tutoriellen Betreuung?

Große Vorteile: Lerner hat Probleme aus großem Angebot selbst auszusuchen. Der Tutor unterstützt dabei und hilft dem Lerner, mehr und mehr selbständig zu werden im besten Fall kann der Lerner am Ende selbständig lernen - das Feedback eines Tutors sollte aber bis zum Ende gegeben werden. Tutorielle Betreuung unterstützt auch die Motivation (individuelle Ansprache, Betreuung, Feedback, ...)

5. Bitte beurteilen Sie die Zukunft der webbasierten Anwendungen im Bereich der Hochschulausbildung. Werden z.B. „blended learning"-Formen dominieren?

Ich denke ja – man wird die Vorteile beider Lernformen kombinieren individuelles flexibles online-lernen und kommunikatives Präsenzlernen in der Gruppe), um den maximalen Erfolg zu erzielen.

166   Anhang

Anhang: A-16

Fragen:

1. Welche der drei folgenden lerntheoretischen Strömungen waren die Grundlage bei der Konzeption Ihres Systems?

(x) Behaviorismus (Lernende ist passiv)
(x) Kognitivismus (Lernende rezipiert aktiv)
( ) Konstruktivismus (Lernende konstruiert aktiv)
( ) eine Mischform aus

2. Unter welchen didaktischen Gesichtspunkten bzw. aufbauend auf welchen Theorien (z.B. *cognitive apprenticeship*) wurde Ihr System entwickelt?

- DEJAVU = Lernumgebung zur Vermittlung dermatologischen Grundlagenwissens mit Schwerpunkt der Schulung visueller Fähigkeiten (diagnostischer Blick)
- Überlegungen zur Lernwirksamkeit basieren auf Überlegungen zu Netzwerkstrukturen und dualer Codierung (Paivio)
- didaktische Rahmenkonzeption (vgl. Issing, 1997; Kerres, 1998)

3. Wo liegt der Schwerpunkt der Rückmeldungen (Verbesserungswünsche, Probleme, Lob) zu Ihrem System, die Sie von Seiten der Nutzer erhalten haben? (bitte max. 3 Beispiele)

- keine Angabe -

4. Wo liegen Ihrer Meinung nach die Vorteile einer tutoriellen Betreuung?

Vorteile:
- Erreichbarkeit für Fragen
- persönlicher Kontakt für die Anwender
Nachteile:
- zusätzliche Kosten (Arbeitsaufwand Tutor)

5. Bitte beurteilen Sie die Zukunft der webbasierten Anwendungen im Bereich der Hochschulausbildung. Werden z.B. „blended learning"-Formen dominieren?

- webbasierte Anwendungen funktionieren nur mit Prüfungsbezug oder mit Einbindung in das Curriculum („Nutzungszwang")

Anhang: A-Divers-01

Quality/Characteristic	1. Confident	2. Constructive	3. Developmental	4. Facilitating	5. Knowledge sharing	6. Creative
Understanding of online process	Confident in providing a focus for conferences, intervening, judging participants' interest, experimenting with different approaches, being a role model.	Able to build online trust & purpose; to know who should be online and what they should be doing	Ability to develop and enable others, act as catalyst, foster discussion, summarize, restate, challenge, monitor understanding and misunderstanding, take feedback	Know when to control groups, when to let go, how to bring in non-participants, know how to pace discussion and use time online.	Able to explore ideas, develop arguments, promote valuable threads, close off unproductive threads, choose when to archive, build a learning community	Able to use a range of CMC conference approaches from structured activities, free wheeling discussions and to evaluate and judge success of conference.
Technical skills	Confident in operational understanding of software in use as a user; reasonable keyboard skills; good access	Able to appreciate the basic structures of CMC and the WWW and Internet's potential for learning	Know how to use special features of software for e-moderators. e.g., controlling, archiving	Able to use special features of software to explore learners' use, e.g., message history	Able to create links between CMC and other features of learning programmes	Able to use software facilities to create or manipulate conference and to generate an online learning environment
Online communication skills	Confident in being courteous, polite, and respectful in online (written) communication	Able to write concise, energizing, personable online messages	Able to engage with people online (not the machine or the software)	Able to interact through e-mail and conferencing and achieve interaction between others.	Able to value diversity with cultural sensitivity	Able to communicate comfortably without visual cues.
Content expertise	Confident in having knowledge and experience to share, and willing and able to add own contributions	Able to encourage sound contributions from others	Able to trigger debates by posing intriguing questions	Carry authority by awarding marks fairly to students for the CMC participation and contributions	Know about valuable resources (e.g., on the WWW) and refer participants to them	Able to enliven conferences through use of multimedia and electronic resources
Personal Characteristics	Confident in being determined and motivated as an e-moderator	Able to establish an online identity as e-moderator	Able to adapt to new teaching contexts, methods, audiences & roles	Show sensitivity to online relationships and communication	Show a positive attitude, commitment and enthusiasm for online learning	Know how to create useful, relevant online learning communities

Quelle: Salmon, G.: E-moderating: The Key to Teaching and Learning Online. London, 2000. S. 40.

Anhang: A-Divers-02

Fragebogen zur Mediennutzung

Als was würden Sie sich im Umgang mit Emailprogrammen einschätzen? (Bitte ankreuzen)

o **Experte**
o **Fortgeschrittener**
o **Anfänger**

Mit welchen Internetdiensten haben Sie bisher schon Erfahrung? (Bitte ankreuzen)

o **World Wide Web**
o **E-Mail**
o **Suchmaschinen**
o **Webbasierte Foren**
o **Chat**
o **Videokonferenz**
o **Newsgroups**
o **Andere:** _____

Bei welchen dieser Dienste sind Sie unsicher im Umgang? (Bitte ankreuzen)

o **World Wide Web**
o **E-Mail**
o **Suchmaschinen**
o **Webbasierte Foren**
o **Chat**
o **Videokonferenz**
o **Newsgroups**
o **Andere:** _____

Welche dieser Dienste nutzen Sie regelmäßig? (Bitte ankreuzen)

o **World Wide Web**
o **E-Mail**

Anhang 169

- o **Suchmaschinen**
- o **Webbasierte Foren**
- o **Chat**
- o **Videokonferenz**
- o **Newsgroups**
- o **Andere:** _____

Haben Sie schon einmal an einer virtuell begleiteten Veranstaltung teilgenommen?
Wenn ja, wie waren Ihre Erfahrungen? Was fanden Sie gut, was nicht? (Stichpunkte)

o

Wo befindet sich Ihr hauptsächlicher Lernort? (Bitte ankreuzen)

- o **Arbeitsplatz**
- o **Universität/Bibliothek**
- o **Zu Hause**
- o **Andere:** _____

Könne Sie dort Audiodateien anhören und sprechen, ohne andere zu stören?

- o **Ja, immer**
- o **Meistens**
- o **Eher selten**
- o **Nein**

Mit welchen der folgenden Anwendungen haben Sie Erfahrung?

- o **Word**
- o **Excel**
- o **Powerpoint**
- o **Bildbearbeitung (z.B. Photoshop, Gimp)**
- o **Tonbearbeitung**
- o **Videobearbeitung**
- o **Internetseitengestaltung (z.B. Dreamweaver, Front Page)**
- o **Andere:** _____

Welcher Kategorie von Lerntypen würden Sie sich zuordnen?
(Mehrfachnennungen möglich)

o   **Auditiver Typ**   **(Lernen erfolgt durch Hören)**

o   **Visueller Typ**   **(Lernen erfolgt durch bildliches Sehen)**

o   **Haptischer Typ**   **(Lernen erfolgt durch Tasten)**

o   **Abstrakt verbale Typ**   **(Lernen erfolgt durch Lesen)**

Haben Sie Erfahrungen mit der Arbeit in Gruppen?

o   **Ja**
o   **Nein**

Wenn ja, wie beurteilen Sie aufgrund Ihrer Erfahrungen die Methode der Gruppenarbeit?

o   **Sehr geeignet**
o   **Geht so**
o   **Ungeeignet**

Anhang: A-Divers-03

Was ist los in Hamletstadt?

Annett Schlau, Studentin im Fach Sozialwesen, tritt ihr Praktikum beim Thekus e.V. an - und schon ist Chaos und Krise angesagt. Ihr Praktikumgeber, der Thekus e.V. will in der aufstrebenden Kulturmetropole Hamletstadt ein Antigewaltprojekt mit StraftäterInnen erproben. Als das bekannt wird, erschüttert ein Aufruhr Hamletstadt. BürgerInnen fürchten eine StraftäterInnenschwemme und den Niedergang der städtischen Ambitionen. Die Kommune erwägt, den Zuschussantrag für das Projekt abzulehnen. Die Vereinsvorsitzende Dr. Invite sucht fieberhaft nach einer Lösung, denn: Ohne Zuschuss - kein Projekt.

Damit noch nicht genug. Dem ersten Projektteilnehmer Karl Willig verweigert die Hamletstadt seine "Stütze" - die Hilfe zum Lebensunterhalt, aber: Ohne "Knete" - keine Projektteilnahme.

Für den Verein und Karl Willig geht es um Alles oder Nichts. Wird die detektivische Kleinarbeit der Annett Schlau schließlich den Thekus e.V. und das Projekt retten?

Damit beginnt für Sie das "Spiel". Sie erkunden mit Annett die virtuelle Hamletstadt mithilfe eines Stadtplanes. Im Rathaus, Gericht, Sozialamt und anderen Gebäuden erhalten Sie in der "Story" Hinweise zur Falllösung.

Zusammen mit Skripten, Materialien und Übungsaufgaben klären Sie viele verwaltungsrechtlich relevante Fragen, z.B. zum Widerspruch gegen einen Verwaltungsakt, zur einstweiligen Anordnung, u.a.m. An den Grenzen des Rechts angelangt, begleiten Sie auch Dr. Invite beim "Klinkenputzen" auf ihrem mitunter steinigen Weg der politischen Lobbyarbeit. Um für diese Aufgabe gerüstet zu sein, gibt der Kurs eine Einführung in den Staats- und vor allem den Kommunalaufbau.

Mitspielen können Sie bei uns am Tagungsstand und unter **www.online-casa.de** und unter **www.margitkwoka.de**

AutorInnenteam

Prof. Margit Kwoka (kwoka@fh-potsdam.de),
Dipl. Ing. Pierre Eichhorn (eichhorn@fh-potsdam.de),
Dipl. Medienberater Jörn Jaath (jaath@fh-potsdam.de)

Mitwirkende und IdeengeberInnen

Die Projektgruppe "Ein Fall mehrfach gewendet" unter Leitung von Prof. Margit Kwoka und Prof. Dr. Hanne Seitz. u.a.m.

Lehrbücher Erziehungswissenschaft

Bernd Dollinger
Klassiker der Pädagogik
Die Bildung der modernen Gesellschaft
2006. ca. 300 S. Br. ca. EUR 19,90
ISBN 3-531-14873-7

Detlef Garz
Sozialpsychologische Entwicklungstheorien
Von Mead, Piaget und Kohlberg
bis zur Gegenwart.
3., erw. Aufl. 2006. 189 S. Br. EUR 19,90
ISBN 3-531-23158-8

Heinz Moser
Einführung in die Medienpädagogik
Aufwachsen im Medienzeitalter
4., überarb. und akt. Aufl. 2006.
313 S. Br. EUR 22,90
ISBN 3-531-32724-0

Jürgen Raithel / Bernd Dollinger /
Georg Hörmann
Einführung Pädagogik
Begriffe, Strömungen, Leitfiguren
und Fachschwerpunkte
2005. 330 S. Br. EUR 16,90
ISBN 3-531-14702-1

Jürgen Raithel
Quantitative Forschung
Ein Praxiskurs.
2006. 209 S. Br. EUR 16,90
ISBN 3-531-14702-1

Friedrich Rost
Lern- und Arbeitstechniken für das Studium
2004. 333 S. Br. EUR 19,90
ISBN 3-5311-14454-5

Bernhard Schlag
Lern- und Leistungsmotivation
2., überarb. Aufl. 2006. 191 S.
Br. EUR 14,90
ISBN 3-8100-3608-0

Peter Zimmermann
Grundwissen Sozialisation
Einführung zur Sozialisation
im Kindes- und Jugendalter
3., überarb. und erw. Aufl. 2006.
ca. 250 S. Br. ca. EUR 16,90
ISBN 3-531-15151-7

Erhältlich im Buchhandel oder beim Verlag.
Änderungen vorbehalten. Stand: Juli 2006.

www.vs-verlag.de

VS VERLAG FÜR SOZIALWISSENSCHAFTEN

Abraham-Lincoln-Straße 46
65189 Wiesbaden
Tel. 0611.7878 - 722
Fax 0611.7878 - 400

PGMO 08/24/2018